国家出版基金项目
NATIONAL PUBLICATION FOUNDATION

社会主义核心价值体系建设
"双百"出版工程
项 目

100位

新中国成立以来感动中国人物

钱 学 森

周知南/编著

吉林文史出版社

《100位新中国成立以来感动中国人物》丛书

★ ★ ★ ★ ★

编 委 会

前　言

　　每个人的心中都多少有一点英雄情结，都向往英雄、景仰英雄。也正因此，在中华人民共和国建国六十周年之际，由中央十一部委联合组织开展的"100位为新中国成立作出突出贡献的英雄模范人物和100位新中国成立以来感动中国人物"的评选活动中，群众参与投票总数近一亿。这其中的每一张选票，都表达了人们对英雄模范的崇敬之情，寄托着对伟大祖国的美好祝福。

　　一个民族不能没有英雄，否则这个民族就不会强大。当国家危难之时，懦弱者选择了逃避、妥协甚至投降，英雄们却挺身而出，用热血捍卫民族的尊严，人民的幸福。在创立和建设新中国的伟大历程中，涌现出无数可歌可泣的英雄模范人物。他们之中，有为了民族独立和人民解放而英勇牺牲的革命先烈，有为了党和人民的事业而不懈奋斗的优秀共产党员，有在全民族抗战中顽强奋战、为国捐躯的爱国将士，有英勇杀敌的战斗英雄和革命群众，有积极从事进步活动的著名民主爱国人士和国际友人……他们是民族的脊梁、祖国的骄傲，是激励全体人民团结奋斗的精神力量。

　　《100位新中国成立以来感动中国人物》丛书，就像一部星光璀璨的英雄谱，真实、完整地记录了英雄模范人物不平凡的一生，再现了他们非凡的人格魅力和精神世界。舍身堵枪眼的黄继光，拼命也要拿下大油田的王进喜，中国原子弹之父邓稼先，新时期领导干部的楷模孔繁森……一串串闪光的名字，一个个动人的故事，犹如群星闪烁，光耀中华。

　　当今中国正处于伟大变革的时代，迫切需要涌现出一大批勇于承担历史使命、为祖国和人民奉献一切的先进人物。在"双百"人物崇高精神的引领下，在建设社会主义现代化国家的征程中，必将英雄辈出。

生平简介

钱学森于 1911 年 12 月 11 日出生于上海，2009 年逝世。1929 年 9 月，考入上海交通大学机械工程系。1935 年 8 月留学美国，入麻省理工学院航空系读书，一年后，获硕士学位。1936 年 10 月，转学到加州理工学院，从师空气动力学大师冯·卡门教授。1939 年 6 月获航空和数学两个博士学位。

1939 年 9 月任加州理工学院航空系助理员。期间，与马林纳等人开始了火箭技术研究。1944 年年初，作为冯·卡门教授的助手，参与设计了美军第一颗"下士"导弹。与此同时，被聘为美国喷气公司的技术顾问。1947 年 2 月，被麻省理工学院聘为终身教授。

1950 年钱学森向美国当局提出了回国申请，遭美国当局拒绝，复以莫须有的罪名被捕入狱。随之被美国当局软禁达五年之久。在被软禁期间，出版了《工程控制论》。

1955 年 8 月，在周恩来总理的周旋下，美国当局批准钱学森回国。当年 10 月下旬抵达北京。同年冬季与钱伟长合作创建了中国科学院力学研究所，并出任所长。1956 年 10 月被任命为我国导弹研究院院长。1960 年 11 月 5 日指挥发射了我国第一枚近程导弹的飞行试验。1964 年 6 月 29 日，主持我国中近程导弹的飞行试验并取得成功。1965 年 2 月 15 日，被任命为第七机械工业部副部长。1966 年 10 月 29 日组织领导了我国第一枚战略导弹飞行试验，获得成功。1970 年 4 月 24 日，组织领导了我国第一颗人造地球卫星"东方红一号"的发射，获得成功。同年被任命为国防科学技术委员会副主任。

1979 年，荣获美国加州理工学院"杰出校友"奖。1985 年，因对我国战略导弹技术的贡献，获全国科技进步特等奖。1986 年 4 月 11 日当选为全国政协副主席。同年 6 月 27 日，当选为中国科协副主席。1989 年 6 月 29 日，荣获国际"小罗克韦尔奖章"。1991 年 10 月，荣获"国家杰出贡献科学家"荣誉称号。1995 年 1 月，获"何梁何利奖"。1999 年 9 月，获"两弹一星功勋奖章"。

1911-2009
[QIANXUESEN]

◀钱学森

目 录 MULU

杰出爱国知识分子的肖像（代序）

　　读过传记文学《钱学森》的读者认为它是当今传记文学中一部不可多得的佳作。这部传记不仅全景式地描绘了作为举世公认的科技伟人，中国"导弹之父"、"航天之父"，为我国科技发展作出了杰出贡献的科学家钱学森的人生旅程，更重要的是展示了钱学森身上表现出的崇高民族气节、对中华民族的责任感和对科学的献身精神。

　　钱学森出生和成长的岁月，正是中华民族内忧外患的时代，当时许多知识分子、仁人志士都抱着救亡图强、振兴民族的目的留学海外，以寻求强国之道。钱学森的父亲钱均夫早年留学日本，是我国早期著名的学者和爱国人士，母亲章兰娟具有中国女性的传统美德。钱学森自幼接受了良好的家庭教育和爱国主义的熏陶。《钱学森》一书中有许多父亲钱均夫对钱学森谆谆教诲的感人情节。钱学森去美留学临行前，钱均夫抖动着双手，从衣袋里掏出一张纸条，急促地塞到儿子手里，说道："这就是父亲送给你的礼物。"这张纸条写的是："人，生当有品：如哲、如仁、如义、如智、如忠、如悌、如孝! 吾儿此次西行，非其夙志，当青青然而归，灿灿然而返。"全国解放前，钱学森回国的一天夜里，钱均夫从抽屉里取出一本有关唐玄奘的小册子递给儿子，他说："玄奘是中国佛家的大哲。他为了到印度进修佛道，历尽磨难，跋涉数万里，苦熬近千个日夜，过着非人的生活。一旦佛学成就，便毅然回归故土，向国人传播佛学，实现他的宏愿。"所以，当读到钱学森在美国的监狱里大义凛然、誓死也要回归祖国这段感人故事时，就联想到钱学森父亲母亲对他讲述的民族英雄史可法、岳飞的故事以及钱学森和一些爱国人士的交往。正是家庭的教育和影响，才使钱学森的爱国行为有了依据和说服力。

有人说科学家的传记不好写，其原因既在于作家很难进入传主的专业，也在于作家对真实性艺术性的把握上。从传记文学《钱学森》大量的真实细节和精彩对话上可以看出，《钱学森》的作者周知南成功地解决了如何处理真实性与艺术性的问题。比如书中所描写的钱学森在狱中与美国官员的对话——"你要回中国有什么目的？""我再重复地说一遍，因为我是大唐的后代，我的根在中国，中国是生我养我的土地，我只图报答她。""你认为你应该为谁效忠？""我应该忠于中国人民"……"为什么你不肯听从于美国政府？""因为家父曾经嘱托于我'天听自我民听，天视自我民视'。""这是什么意思？""意思是说，人民大众喜欢什么，你做什么，人民大众喜欢什么，你说什么。家父从未谈起，天听自美国人听，天视自美国人视。所以，绝不能是美国当局要我做什么，我便去做什么。"正是这些文学的又是真实的对话，既表现了传主的崇高民族气节，也增强了传记的艺术感染力。著名传记作家莫洛亚说："一个现代传记作者，如果他是诚实的，便不会容许自己这样想：这是一个伟大的帝王、一位伟大的政治家、一位伟大的作家，在他的名字周围，已经建立了一个神话一般的传说，我们想要叙说的就是这个传说，而且仅仅是这个传说。他的想法应该是：这是一个人。关于他，我拥有相当数量的文件和证据，我要试行画出一幅真实的肖像。"按这个标准，可以说传记文学《钱学森》的作者周知南为我们画出了一位爱国知识分子的肖像。

青少年时代的理想与信念

→ "学习知识，贡献社会"

★★★★★

钱氏家族代代克勤克俭，对子孙要求极其严格。或许是受到了钱氏先祖《家训》的影响，钱均夫对其独生子钱学森的家训是"学习知识，贡献社会"。

1911 年，我国旧历辛亥年的秋季，一年一度的钱塘江大潮，似乎比往年更加澎湃，更加威武，它象征着汹涌高涨的民主革命力量，向着垂死的清王朝的封建堡垒，发动着最后的冲击。

10 月 10 日，武装起义的枪声，在神州大地激起了巨大变化，两个月以后，孙中山在南京宣布中华民国成立，统治了中国两千多年的封建皇朝，从此宣告终结，一个崭新的社会制度诞生了。

就在亿万同胞欢庆新生的时刻，一个小生命伴着锣鼓声来到人间。1911 年 12 月 11 日晚，教育家钱均夫的独生子钱学森呱呱坠地了。这是钱家久久盼望的特大喜事！

钱均夫祖籍浙江杭州市。在杭州一带，钱家是一个颇有社会声望的家族——他们是吴越国王钱镠的后嗣。钱镠的《家训》与遗嘱，为后辈子孙树立了好学上进、报效国家的榜样。钱均夫也曾与人说："我们钱氏家族代代克勤克俭，对子孙要求极严，或许是受祖先《家训》的影响吧！"

钱均夫的父辈在杭州经营丝绸，幼年的钱均夫就得到了家庭良好的教育，长大后就读于杭州求是学院（浙江大学前身），是个品学兼优的学生。当时，杭州富商章氏很赏识钱均夫的才华，将自己多才多艺的爱女章兰娟许配给钱均夫，并资助他东渡日本求学。

那时的中国，正处于日趋没落的清王朝统治之下，社会动荡不安，各种民主革命的思潮纷纷登场。许多爱国志士四处寻找着救国奇术，寻求济世良方。钱均夫就是在这种背景下，东渡日本，学习教育学，以施展其"兴教救国"的抱负。后来，钱均夫在日本接受了孙中山的民主革命思想，认识到不进行民主革命就不可能挽救中国。1910年，钱均夫毅然回国，在上海成立"劝学堂"，教授热血青年，投身民主革命。就在举国欢庆中华民国成立的大喜日子里，钱家喜得贵子，真是双喜临门。

幼时的钱学森，一双大眼睛和那比同龄孩子大出许多的头，特别引人注目。亲友们说，这孩子天生异相，长大必成大器。人们说得不错，钱学森的聪慧，在幼年时就令人惊异地显示出来。他有非凡的记忆力，3岁时已能背诵百首唐诗、宋词，还能用心算加减乘除。亲友们称钱学森为"神童"。

就在钱学森3岁那年，父亲钱均夫到当年迁往北京的临时政府教育部任职。于是，钱学森随父母由上海迁居北京。

在北京，钱学森一家住在一条很深很深的胡同里。门洞两侧，是青灰色的砖墙。两扇漆黑的大门上，钉着两个大铜环。大门里面是一座敞亮的四合院。院里栽种着许多花木，有春季开花的海棠，也有盛夏开花的石榴。最使钱学森感兴趣的，是院子中央那口特大的雕花水缸，以及水缸里养育的荷花。

钱学森的母亲章兰娟，是一位知书达理的大家闺秀。她性格开朗、热情，心地善良，而且聪颖过人。她的计算能力和记忆能力极强，具有数学天赋。她心灵手巧，富有想象力，尤善针黹刺绣。她随手绣出的金丝珍珠鞋，可称之为巧夺天工的工艺品。钱学森惊人的天赋，应该说大半是来自母亲的遗传基因。

钱家在北京独居的四合院，与下层市民相邻，加上章兰娟是个乐善好施的贤良女性，所以非常熟悉和同情底层市民的疾苦。幼小的钱学森经常看到，他家那扇黑漆大门，常常被求救的邻居敲开。这些邻居多是一些缺衣少食的穷困人家，尤其是到了冬季，他们饥寒交迫，度日十分艰难，母亲总是热情地接待这些穷朋友，只要家中有的，尽管拿去。借去的钱财和柴粮，倘是无力偿还，母亲绝不会再提起，更不会登门索要。

钱学森目睹母亲做的一件件善事，在幼小的心灵里，埋下了善良的种子。后来，当钱学森忆起这些令人难忘的往事时，总是激动地说："是母亲为我幼小的心灵开启了人世间的善良之窗。母亲的慈爱给了我深远的和连绵不断的影响，我人生的第一位老师是母亲。"

天才的成长，需要良好的外部条件。

1917 年，钱学森不满 6 岁，父亲把他送进了北京师范大学附属小学读书。幼小的钱学森，牢记父亲"学习知识，贡献社会"的家训，上课听讲非常认真。他尊敬老师，遵守纪律，是班里的优等生。

钱学森与其他同龄孩子一样，活泼好动。爱学习，也爱做各种游戏。在课余时间，他和小伙伴们玩的最多的是掷飞镖。

飞镖是用硬一点儿的废纸折成的，头部尖尖的，有一对向后掠去的翅膀，飞起来像燕子。飞镖人人会做，但不一定都能飞得好。有的刚掷出去，头就扎在地下；有的不向前飞，而是绕圈子向后飞；只有钱学森折的飞镖，飞得最远，像一支利箭直插目标。

"这是怎么回事呀？"一些大个子学生不服气，一次又一次地比赛，一次又一次地失败了。他们嚷嚷着说，钱学森的飞镖有鬼。于是，他们把钱学森的飞镖捡来，拆开，尽管里面什么"鬼"也找不到。这件事被他们的自然课老师发觉了。老师走过来，把钱学森的飞镖复原，又让钱学森掷了一次，飞镖果然飞得又远又稳。然后，老师笑着把学生们召集在身旁，拿着钱学森的飞镖说："你们都看到了，飞镖本身没有什么'鬼'，但是，这里的确有'秘密'，现在让钱学森同学给大家讲讲他的飞镖，飞得又远又稳的秘密吧！"

钱学森说："我的飞镖没有什么秘密，我也是经过许多次失败，一点儿一点儿改过来的。飞镖的头不能太重，重了就会往下扎；也不能太轻，头轻了，尾巴显得沉重，就会先往上飞，然后沉下来。翅膀太小，就飞不平稳；太大了，就飞不远，爱兜圈子。就是这些。"

"说得好极了。"自然课老师高兴地说道，"小小飞镖，这里面有科学。钱学森同学经过动脑子琢磨，从失败中摸索出飞镖的折叠方法，主要是两条，一条是要保持平衡，第二条是减少阻力，并且能巧妙地借助风力和浮力，这样，飞镖才能飞得又远又稳。大家说对不对呀？"

"对！"学生们齐声回答着。

自然课老师望着钱学森，心中不由地惊叹着：这个小同学好聪明啊，他似乎已懂得某些空气力学的常识。将来，也许会成为一个很有作为的科学家……

中学，对于一个人一生的成长是至关重要的。因为中学时期，正处于一个人长身体、长知识的最佳时期。中学时期接受的知识和形成的品格，往往决定人的一生。

北京师范大学附属中学，这是一所很了不起的学校。这里有一批不甘于祖国沉沦、矢志于教育事业的优秀教职人员，有一套完善而先进的管理和教学制度。在政府腐败、社会动荡的情况下，这所学校却在夹缝中为民族、为社会培养出了大批人才。

学校的校长是林砺儒先生，这是一位精干而严肃的教育家。林砺儒先生在新中国建立后，曾担任中华人民共和国教育部副部长。

教国语的董鲁安先生，是钱学森十分敬佩的老师。他虽然是教国语的，实际上，往往把国语课变成爱国主义的教育课。董老师思想进步，追求真理，向往民主。他常常在课堂上用较长的时间讨论时事，抨击时弊，明显地反映了他对北洋政府的憎恶。钱学森在回忆董老师时说："中学时代，我们这些青年学生的头脑里，有两个伟人：一个是爱因斯坦，一个是马克思。这些思想在当时是当局所不容许的。如果说我们能较早地接受一点儿革命道理和爱国主义思想，这主要是从我们的董老师那里得到的。董老师还特别提倡我们要多读鲁迅的文章。他经常告诫我们，不要忘记我们是中国人，不论将来做什么工作，都要想到自己的祖国，想到自己作为一个中国人的责任！"在这些优秀教师的教导下，钱学森从中学时代起，就痛恨腐败的旧社会，关心着祖国的现状和前途。爱国主义精神一直是钱学森行动的准绳。后来的一切，完全证明了他有一颗热爱祖国的赤子之心。

北京师大附中的课业繁重，教学要求高。学校鼓励学生在学好必修课的同时，再选修若干课业，以便能学到更多的知识。这很适合勤奋好学的钱学森的胃口。他除了学好理工部的正课外，还选修了大代数、解析几何、微积分、欧几里得几何学等课程。

　　钱学森回忆说："尽管这样多的课程，大家一点儿也没有受不了的感觉。下午下了课，还要到操场上踢一阵足球，天不黑是不回家的。"

　　钱学森在师大附中度过了6年充实而又生动活泼的中学生活，他对母校优良的校风，留下了十分美好的记忆。他感到在这里到处充满了民主的、开拓的、自学的、创造的空气。

　　鲁迅说："我想，天才大半是天赋的，独有这培养天才的泥土，似乎大家都可以做。做泥土的功效，比要求天才还切近；否则纵有成千上万的天才，也因为没有泥土，不能发达，就像一碟子绿豆芽。"

　　北师大附中当年那样一批爱国的优秀教职员，就如同培养天才的泥土。唯其如此尽职尽责，才能有一批钱学森式的栋梁之才，在这片沃土之中孕育、萌发、成长起来。

青少年时代的理想与信念

→ 青梅竹马，两小无猜

★★★★★

钱学森与蒋英自幼青梅竹马，两小无猜，他们初唱《燕双飞》，唱得那样自然，和谐。

钱均夫与挚友蒋百里，二人青年时代共同投师于杭州求是学院。同窗三载，且志趣相投，因此，互契文字，结为挚友。后来，他们又同赴日本留学。蒋百里学习军事，钱均夫学习教育，一文一武，他们立志共同报效国家。蒋百里在日本留学期间，以全校第一的成绩毕业于日本士官学校，日本天皇曾授予蒋百里一把指挥刀。归国后，出任保定陆军军官学校校长。

说来很有意思。在蒋百里回国后担任保定陆军军官学校校长期间，由于他对北洋军阀政府的腐败和卖国政策强烈不满，曾开枪自戕，幸而没有丧生。谁知这一枪却带来一桩千里姻缘，带来一位异国情侣。他在住院医伤期间，与一位日本护士小姐左梅一见钟情，结为良缘，生下五个女儿。

在蒋百里的五个女儿中，要属三女儿蒋英最可爱。她聪明好学，能歌善舞，又会弹钢琴，是家中的小天使。蒋家的三女儿，早被只有一个独生子的钱家看在眼里。他们多想拥有一个聪明伶俐的女儿啊！可是，章兰娟自从生下钱学森之后，一直没有再育。钱均夫倚仗同蒋百里的特殊关系，竟然直截了当地提出来，要蒋英到钱家做他的闺女。

蒋家姑娘是多了些，可是，要把蒋英要走，等于摘下蒋家夫妇的掌上明珠。但是经不起钱均夫的苦苦乞求，三磨两磨，蒋百里只好答应了，便让奶妈陪着蒋英住到了钱家。高尚的友情就是如此无私，他愿意让挚友分享拥有女儿的天伦之乐。

蒋英来到钱家后，改名钱学英。从那个时候起学森与学英就成了青梅竹马、两小无猜、终日相随的小伙伴了。

两个孩子都喜欢音乐。一天，他们俩当着两家的父母，唱起了《燕双飞》，唱得那样自然、和谐。两家父母都高兴地笑了。蒋百里听了这曲《燕双飞》，似乎明白了什么：噢，你钱均夫要我的女儿，恐怕不只是缺个闺女吧？但这是一层窗户纸，谁也没有捅破。

其实，蒋百里也十分喜欢钱学森，他多次对钱均夫说：

"咱的学森，是个天才，好好培养，可以成为中国的爱迪生。"

两个孩子当然更没有想到，儿时的一曲《燕双飞》，竟然成为他们日后结为伉俪的预言，也成了他们偕行万里的真实写照。

自从蒋英来到钱家，钱均夫更加注意对两个孩子的培养和关怀。学森和学英都很热爱生活，热爱大自然。尤其是冬季，他们特别喜欢下雪天。每当彤云密布、北风呼啸、大雪就要飘飞的时刻，他们总爱站在滴水成冰的四合院里，任凭寒风刺面，依然望着天空那滚滚的乌云，急切地祈盼着大雪快快降落下来。因为大雪天蕴育着他们俩的希望和憧憬——滚雪球，堆雪人，打雪仗。他们忘不了，蒋英到钱家的第一年冬天，一场大雪过后，钱学森给新来的妹妹堆起了两个栩栩如生的雪人，一个圆头圆脑，瞪着一双大眼睛，笑呵呵的，他说这是哥哥。另一个则瘦小秀气，头上还戴着一顶绒线帽，他说这是妹妹。这对小兄妹，看着这对雪人兄妹，会心地笑了。从此以后，他们对于雪天，有着特殊的感情。

钱学森的家庭环境可以说是十分优越的。但是，这种优越绝不是衣食上的奢侈，而是精神世界的充盈，乃至视野的开阔。这对于他的健康成长起了决定性作用。可以说，这里是一个科学家的摇篮。

正因为如此，钱学森在北师大附中读书的 6 年，差不多门门功课都在班上名列前茅。

毕业前，数学老师傅种孙叮嘱他，考大学要报考数学系，说他在数学方面最有发展；国语老师董鲁安，则要钱学森子继父业，报考文科。因为，他认为学森同学将来可以成为一个大作家；妈妈章兰娟从心中希望学森将来从事教育工作，做一个教育家或有名气的教师。

然而，父亲钱均夫却要他学习工程学。因为他认为只有实业才能救国，中国太缺乏优秀的工程师了。

最后，钱学森谨尊父训报考了上海交通大学机械工程系，学习火车制造专业。

1929年的初秋季节，上海交通大学校园内迎来了新学年的一批新校友。这些提着箱包行李的莘莘学子，有的来自沿海，有的来自内地，还有的不远万里来自海外。他们都是慕名而来，仰慕这所具有悠久历史和优良校风的名牌工科大学。起点高，基础厚，要求严，是上海交通大学的优良教学传统，并以此扬名海内外。

在沉重的学业负担重压之下，多数学生的课余时间被课业全部占去。而钱学森却忙中偷闲，参加了学校的乐队。他实在喜欢音乐，他似乎与艺术有着不解之缘。那时，学校乐队的练习和演出很频繁。他是乐队的主力圆号手，因此，他既要比不参加乐队的同学多挤出一些课余时间，还要比乐队的其他人多挤出一些练习时间。

由于钱学森对学业和艺术同样痴迷，为此，他付出了沉痛的代价——1930年的暑假，钱学森患了伤寒病，在杭州老家卧病一个多月。后来因为体弱，不胜学业，只好休学一年。

钱学森自幼是在父母的宠爱之下成长的。平时，他总是家庭的中心人物，家中的期望几乎都集中在他的身上。所以当他离开北平南下到上海读书时，他的父母也南下迁居杭州老家。因此，钱学森休学期间，同父母一起生活在多姿多彩的故乡杭州。

最值得杭州人骄傲的，恐怕就是西子湖了。她婀娜多姿，浪花千层，积淀着古往今来多少文人墨客的故事，又孕育了诸多英雄豪杰仁人志士。而今，这里又来了一位翩翩少年。他行走在长满苔藓的石板路和小桥上，伫足于青瓦灰墙的屋檐下。明丽的双眸，白皙的面庞，乌黑的头发，与这市井浑然一体。钱学森一生难忘，在这人间仙境居住了整整一年。

钱学森丢开繁重的学业，在这里养病。他几乎日日面对着一湖澄清碧透的秀水，自豪地想到：世界上最美好的风景就在我的故乡！

是的，西子湖太美了。然而，在钱学森的眼里，她不仅仅娇柔与宁静，他所强烈感受到的，是西子湖的永恒生机。那盈盈一湖清波，周围镶嵌着堤岸、垂柳和草地，还有蜿蜒的石板小路，每一个生动的画面，总是存在于瞬间。那披着五彩花衣的小鸟，或默立于柳枝，或鸣啭起优美的小曲，或扇动着一双翅膀在枝头跳来跳去，载歌载舞。仅仅这么一个小生灵的出现，便给西子湖带来非常诱人的魅力。

在西子湖畔，钱学森感受到了人与自然的融合，感悟到了生命的辉煌。越是这样，他就越想知道这天造地设的所在是怎样出现在人间的。

一天，钱学森终于向父亲提出了这样的问题：大自然是怎样鬼斧神工地造就了西子湖？造就了杭州城？

父亲告诉了他杭州湾的来历。

据地质学家和考古学家的考证，大约在5万年前，地壳沉降运动，陆相造山，山峰突起，沉降下去的地面，变成湖海，这就是常说的沧海桑田。西子湖就是在造山运动中形成的，她三面环山，向海的一面，变成了西子湖。

美丽来自剧烈的巨变。这美丽的西子湖，原来是大自然造物运动孕育出来的一颗璀璨的明珠！她吐光泽，哺万物，催发了博大的民族文化，滋润了一代又一代天之骄子。

这种悠闲惬意的日子总是有限的。钱学森病体已经康复，不久，就要回上海读书了。他每想到家乡，总有一种深深的眷恋之情萦绕在心头。他真舍不得家乡，舍不得离开父母。一天，他对母亲说："家乡美极了，西湖美极了，与爸爸妈妈在一起，与西湖在一起，是我平生最快活的日子。"

妈妈微笑着说："可惜，命运注定你不能永远留在家乡，不能永远同爸爸妈妈在一起，不能永远同西湖在一起。好男儿志在四方，要有勇气去闯世界。"

钱学森有这样通情达理、心胸豁达的父母，当说是他生平最大的幸运。后来，他曾借用弗洛伊德的一句话，表达他的特殊感受："受到父母无限宠爱的人，一辈子都保持着征服者的感情，也就是保持着对成功的无限信心，在现实中才会经常取得成功。"

　　1934 年暑假前，钱学森面临着大学毕业后的选择问题。

　　读上海交大火车制造专业，是他自己的选择。那时，他想得很简单，毕业后，要做一名优秀的工程师，设计和制造出大批的机车，发展祖国的交通事业。自从到上海读书以来，中国社会发生了许多大事，使他对社会现实的认识深刻了许多。20 世纪 30 年代，是科学迅猛发展的时代，特别是当年的美国已经成为世界科学技术的中心，它实现了工业化，成为世界第一经济强国。美国之所以能够后来居上，一个重要的原因，就是他的电力技术革命，那就是爱迪生发明了电灯，建成了世界上第一个发电厂，大大加快了美国电气化的进程。

　　在美国科技高速发展历程中，汽车、飞机和无线电技术这三大发明，起着十分重要的作用。其中，最使钱学森感兴趣的，莫过于美国的航空工业。美国的航空工业遥遥领先于世界各国。作为新一代中国知识青年，应该掌握世界上最先进的科学技术，让祖国插上腾飞的翅膀。

　　这年暑假，钱学森从上海交通大学机械工程系铁道机械工程专业毕业后，考取了清华大学公费留学生，专业就是飞机设计。钱学森的这一选择，自然得到了父亲钱均夫的支持。因为，这依然符合钱老先生实业救国的夙愿。

当年，在清华大学指导钱学森学习航空业的有两位导师，一位是王助，另一位是王士倬。

两位导师都是爱国知识分子。他们不仅注意引导钱学森重视航空工程实践和制造工艺的探讨，而且，也非常注意引导这位即将留学海外的学生全面了解祖国，更加热爱中华。

钱学森在清华大学学习期间，曾经到杭州笕桥飞机场实习。在那里，他第一次看到了落在地上的飞机。那是两架从法国购买的"布莱盖"飞机。后来，他又到南昌、南京两家国民党空军的飞机修理厂见习。在那里，他看到的是 6 架美国制造的"寇蒂斯"飞机。这是当年孙中山先生领导的中国同盟会用募集的捐款购买的。

当年使钱学森感慨的是，中国空军拥有的这些飞机，竟然都是外国制造的陈旧产品，而中国的航空飞机制造业，还是一片空白。靠这些飞机怎能保卫自己的领空？怎能维护自己的主权？他决心到国外学习飞机制造业，掌握资本主义国家先进的科学技术，报效自己的祖国。

已经迁居上海的蒋百里，也正在为钱学森出国留学的事操劳。他首先想到的是钱均夫夫妇在儿子出国后的孤寂境遇。他很愿意钱家也从杭州迁到上海来。这样，两家可以常相往来，互相帮助。于是他写信给钱均夫，直抒己见，并表示钱家的寓所由他安排。他们是一对同声相应、同气相求的知心朋友。因此，钱均夫乐于从命，很快和妻子章兰娟从杭州迁到上海。

两位长辈非常珍惜他们之间那真挚的友谊。他们的友谊像和风细雨，润物无声；像清澈的山泉，纯洁永恒。这美好的友情自然给他们的子女带来深刻影响。钱学森和蒋英接受了父辈的传统美德，他们从童年、少年时代结下的带有兄妹特色的友谊，与日俱增，在各自生活中占据着重要位置。

钱学森出国前夕，蒋英随父母来到钱家。蒋英见到即将分别的学森哥哥显得有些不大自然，脸色绯红了。她不时地掉过脸去，生怕学森发现。然而，她又多想仔细看看她的学森哥哥呀。自从学森到上海交大读书以后，由于钱家搬到了杭州，他们就很少见面。几年过去了，学森显得成熟多了，他那白皙的脸庞，宽宽的额头，已经脱去了稚气，显得更加英俊。浓密的眉毛下面，那双乌黑闪亮的大眼睛，充满智慧和自信，俨然一副男子汉的气概。

　　学森以同样的心境，注视着蒋英。这个昔日的小妹妹，几年时间，已经出落成眉清目秀、亭亭玉立的大姑娘了。那个爱说爱笑、敢想敢做的小妹妹，如今多了几分腼腆，只是那甜甜的微笑依然留在脸颊上，让人想起了她的过去。今天，他们有许多话要说，可是，谁也没有说出来。

　　这时，蒋百里说道："学森此番赴美留学深造，我很是赞同。中国要建立自己的强大国防，必须发展航空工业，装备强大的空军。可是，中国太缺少这方面的人才了。"

　　钱均夫点头称是。他叹了口气说："当年我曾笃信教育兴国。可是后来的情况证明，我的主张不能实现。照现在的国情来看，单纯搞教育，难以兴国啊！"

　　说完，两位好友都笑了，学森和蒋英也跟着笑了。

　　这时，蒋百里指着室内的一架钢琴对蒋英说：

　　"英子，你学森哥就要出国了，今天你该为他弹奏一首曲子哟！"

蒋英知道父亲的用意，不由地羞涩的面颊绯红了。她低下头，文静地走到钢琴前坐下来，轻轻地启开琴盖，略略思忖了一下，用纤细的双手，灵巧地在键盘上弹奏起来，钢琴里飘出了莫扎特的 D 调奏鸣曲的流畅旋律。

乐曲非常明亮、欢快、流畅，像是回忆着他们儿时共同嬉戏的欢乐时光——

是的，蒋英到钱学森家一起生活的那段时光，是她非常愉悦的快乐时光。他二人像是一对自由自在的小鸟，在庭院中追逐着。有时，他们二人打开手摇留声机，共同欣赏贝多芬的《欢乐颂》，聆听莫扎特的奏鸣曲。有时，他们一起唱歌，更多的情况下，是学森听妹妹唱歌，蒋英用那铜铃般悦耳的歌声，传递着她心底的秘密。

蒋英的双手依然在键盘上跳动着，钢琴里飘出那如光似水的抒情旋律，抒发着少女纯真的恋情。

次日，钱学森在父亲的催促下，依依告别了母亲。他掉转头来，匆匆地走出父母的卧室，再也不敢回头看母亲一眼，提上行李，跨出家门。在父亲的陪伴下，奔向码头……

清晨，上海黄埔港码头大型的探照灯，在雾霭中射出黄白色的灯柱，照在登船人走动的石阶上、舷梯上。一条庞大的轮船停靠在码头旁，船尾的星条旗，在晨风中摆动。这就是"杰克逊总统号"美国邮轮。

轮船的汽笛凄厉地长鸣了一声，钱均夫依依不舍地走出船舱，钱学森紧随父亲走向船舷。巨轮驶入东海，开始加速疾驰。祖国的土地慢慢从钱学森的视野中消失了，四周只剩下大海那深蓝色的波涛和鸥鸟的鸣叫。

钱学森终于从朦朦胧胧的情感中猛然醒悟过来——噢！他已经开始了海外游子的生涯，他被这条巨轮拖载着，要到大洋彼岸的异国他乡去远航了！

他不禁潸然泪下……

➡ 投师冯·卡门教授

★★★★★

冯·卡门教授发现钱学森具有超越一般学者的智慧，并有着极其敏锐的思维判断能力。于是，破格录取钱学森成为他的博士研究生。

经过 20 个日日夜夜的海上颠簸，钱学森乘坐的"杰克逊总统号"邮轮，终于来到了大洋彼岸，来到了美利坚合众国的西海岸。"美利坚合众国到了。"当广播中传来广播小姐的这个报告时，长途航行的人们为之一振，他们收拾完行李，纷纷拥到船舷上，观看这陌生的国度。

美利坚，这是一个世界上最年轻、经济实力最强的国家。1935 年，正是它从 1929 年至 1933 年发生的严重经济危机中走出来的第二个年头，也是罗斯福的新政时期。经济上开始复苏，政治上生机勃勃。这个年轻而又充满朝气的国家，像海绵一样从世界各国汲取最先进的科学技术，聚集着各大洲的优秀科技人才。30年代,它已经成为新的世界科学技术中心，成为世界各地莘莘学子的取经圣地。展现在华人学子面前的，是一个高楼鳞次栉比、街如长河、汽车如流水的港口城市，这里的繁华使得上海外滩显得大为逊色。

然而，钱学森要去的地方是美国东海岸的大西洋之滨，举世瞩目的大学城——马萨诸塞州首府波士顿的坎布里奇市。

坎布里奇市是美国的文化名城，这里没有高楼大厦，也没有喧闹的海滨，它以拥有哈佛、麻省理工学院和颇负盛名的交响乐团而著称于世。

坎布里奇市还堪称是这个年轻国家的"古老"城市。它是美国革命的发祥地。1775年7月3日，乔治·华盛顿将军便是在这里就任大陆革命军总司令的。他在这里发动了第一个战役，打败了英国殖民总督托马斯·盖奇统帅的1700多名英国士兵，揭开了美国独立战争的序幕。这里有许多革命遗址和文物，是一座美国历史的博物馆，一本立体的美国历史书的扉页。

这里的环境十分优美，清澈的查尔斯河从这里流过。哈佛大学和麻省理工学院，就静静地矗立在查尔斯河的两岸。这里有无边无际的草坪和花树，空气清新，路面无尘，真是一个读书求学问的世外桃源。

钱学森在麻省理工学院航空系攻读硕士学位。

到达麻省理工学院的那天上午，钱学森前去报到，很快办完了一切手续。这时，有一位蓝眼睛、白皮肤的学生，热情地带着他走向学生宿舍楼。他们穿过一个大草坪，又穿过几条校园小路，才走进了学生宿舍区。那位青年指了指11栋楼房，用英语说道："24号，你的宿舍。"

钱学森提着沉重的书箱和提包，走进11栋楼，找到24号房间。他先将行李放下，坐在床上观看了一下宿舍的设备。他感到作为学生宿舍来说，条件很不错了。特别使他高兴的是，这楼号跟他的生年和岁数是那样的巧合——他是1911年生，这楼号偏偏是11号楼，他今年24岁，房间恰恰是24号。"世上真有这样凑巧的事！"想到这里他独自笑了。

正常的、繁忙的学习生活开始了。第一学期，钱学森选学了航空系的六门课程。他发现，每一门课程的教授都是风度不凡，讲课非常精彩，引起他极大的兴趣。同时，这里的教学方式，又跟上海交大形成了鲜明的对比。学习环境相当宽松，有利于发挥学生的独立思考能力和学习的主动性。这很适合钱学森的学习特点，他认真听讲，一丝不苟。

钱学森的学习精神和学业成绩在班级里总是最突出的，这给麻省理工学院的许多教师留下深刻的印象。他们普遍感到，中国学生钱学森才智过人，思维敏捷，回答教师的提问既准确无误，又干净利落。特别是数学老师，对钱学森的数学才能感到吃惊，他对抽象概念的理解力，进行逻辑推理的能力，以及解决问题的技能、技巧，都是非凡的。

的确，钱学森那蓄之已久的智慧和潜藏着的巨大才能，在美国的高等学府一下子迸发了，他获得了成功，得到了普遍赞誉。一年以后，风华正茂的钱学森戴上了麻省理工学院的硕士方尖帽——他以优异的成绩取得麻省理工学院飞机机械工程的硕士学位。那年，他还没满25岁。

那是1935年初冬时节，蒋百里以中国军事委员会高级顾问的名义，奉派出国，到欧洲各国作军事考察，携带三女儿蒋英和最小的女儿蒋和同往。因为蒋英自幼便显示出非凡的声乐天赋，所以，在随父亲漫游欧洲时，留在德国柏林音乐大学声乐系学习，师从著名男中音海尔曼·怀森堡教授。

那年蒋英还是一位不满 16 岁的少女，她为了追求声乐艺术，不得不只身一人留在德国。在那里，她很快熟悉了日耳曼语言，熟悉了日耳曼民族的风土人情。她还研究了德国的历史，研究了日耳曼民族灿烂的文化艺术，特别是音乐艺术。她喜欢朗读莱辛、席勒、歌德、海涅等伟大诗人的诗作，她尤其喜欢欣赏巴赫、贝多芬、舒曼、门德尔松、勃拉姆斯等音乐大师的乐曲。这些伟大艺术家的作品，把这位天真烂漫的姑娘引向了崇高的艺术殿堂。

两个相思相恋的青年男女，一个在美洲，一个在欧洲，尽管远隔千山万水，但是，爱情把两颗纯洁的心灵，紧紧地连结在一起。如同对待科学一样，钱学森对待爱情同样是那样执著，那样忠心耿耿。他心目中的蒋英，不但容貌端庄秀丽，而且仪态娴雅，讲起话来，那么亲切、动听，富有节奏感，一如她的歌喉。

钱学森来美国以后，常常在月夜徘徊于草坪，许久许久地凝视高天的明月。这种凝视近乎浪漫，这种浪漫来自对远方恋人的怀念。有时，他在月光下，似乎有一种失魂落魄的感觉。因为月光使他想到他们过去美好的一切。而如今，这一切都同如水的月光一样，让他无法触摸，无法挽留。

麻省理工学院的办校宗旨明确规定，基础科学与应用科学并重，教学与科研相结合，课堂教育与社会需要相统一。这里的"社会需要"自然包括生产实践。因此，各专业学科的学生都要在学期内到对口的工厂、科研部门实习。钱学森是学飞机机械工程专业的，本应该与本专业的其他美国学生一块到飞机制造工厂去实习和工作。但是，意想不到的情况出现了：美国飞机制造厂只准许本国的学生实习和工作，不接纳外国的学生。这是钱学森在美国学习期间，遭受的第一次种族歧视的打击。

挫折和困难并没有削弱钱学森的求知欲望。他无法改变这残酷的现实，同样，残酷的现实也改变不了他为祖国强盛而发愤学习的决心。

1936年初秋的一天，美国加州理工学院航空系主任、著名的空气动力学教授冯·卡门遇见这样一件事：有一个中国学生来信，要求同他谈一次话。这个学生不是本院的，而是刚刚在麻省理工学院获得硕士学位的钱学森。在加州理工学院，人们都知道同冯·卡门单独会面是很困难的事情，因为他实在是太忙了。钱学森的这封信会是怎样的结果呢？面对这样直率的请求，冯·卡门思忖良久。他感到这位中国学生一定有什么特殊的情况需要他帮助。于是，他在百忙中挤出时间，接见了钱学森。

门开了。冯·卡门抬头望去，见走进来的年轻人，身材不算高大，但是很惹人喜爱。乌黑的头发下面，是一副坦率刚毅而又英俊潇洒的面孔，那双明亮的黑色大眼睛，虔诚地注视着他，讲一口流利的英语。他对冯·卡门教授能破例地接见他表示感谢，而后，便有条不紊地陈述着自己对航天和火箭技术的看法以及他在这方面的愿望。由于他语言简练，逻辑严密，立刻引起了冯·卡门对这位中国学生的兴趣。他点点头，表示愿意听下去。

钱学森说道："尊敬的冯·卡门先生，我对您所研究的科学领域怀有浓厚的兴趣，希望在这方面得到您的指导和帮助。"

冯·卡门随即问道："难道你有志于推进空气动力学和火箭事业的

研究吗？"钱学森点了点头。接着，冯·卡门风趣地说："噢！对了，火药的发明者是你们中国人呀！"

钱学森不禁脸色绯红，这自然不是由于骄傲和自豪。他压低了声音说："可是，如今中国在这个领域的研究却落后了。但我有志于推进火箭的研究，或许这也是我们祖先的遗愿。所以，我以为这是一件崇高的事业。我们的祖国太需要它了，我可以在这方面为国家提供更直接的服务。"

冯·卡门听过钱学森一席话，感叹地说："是的，人类要发展，就一定要征服空间，揭开宇宙的秘密。这就离不开航空和火箭技术，离不开空气动力学。而目前还很贫穷的国家和民族，要想赶上强国和富国，更需要有现代科学技术的武装。年轻人，你为祖国服务的思想很好。这对你的国家来说，是非常需要的。"

钱学森见冯·卡门教授赞同他的观点，便迫不及待地提出了请求，他说："先生，我想由航空工程转学航空理论，也就是转学空气力学。您看我的想法对吗？"

冯·卡门考虑了一下，点点头表示同意，然后向钱学森提出了几个有关力学方面的问题。出乎冯·卡门教授意料的是，钱学森对这些问题竟然对答如流。他感到，这位中国学生具有超越一般学者的智慧和极其敏锐的思维判断能力。于是，当即表示，愿意破格录取钱学森成为他的博士研究生。他说道：

"钱先生，希望你到加州来。你在这里可以得到你所要的知识。我相信我们会合作得很好。"

显然，冯·卡门是一位伯乐。他慧眼识英才，使钱学森成为他的入室弟子。

"谢谢老师！"钱学森当时激动的心情是难以言表的。他深深地向老师行了一个鞠躬礼，表达他由衷的感谢。

这一瞬间的双向选择，使钱学森跨入了人生道路上关键的一步，它改变着钱学森生命的轨迹。

从此，钱学森跨入了一个更为广阔的科学天地。他在这里自由驰骋了整整10年之久。冯·卡门为他的科研事业开辟了一个又一个新的境地。

从此，钱学森便成了加州理工学院图书馆的常客。他借来一本又一本有关空气动力学的书籍，日夜苦读，每天坚持读12个小时以上。

与此同时，他还潜心研究了与之相关的现代数学、原子物理、量子力学、统计力学、相对论、分子结构、

◁ 1942年，钱学森（前左）与同学们在导师冯·卡门家的小花园中合影

量子化学等多种学科的基础理论。他如同一块海绵，汲取着知识海洋里的每一滴水分。

冯·卡门教授每周主持由诸多专家、学者参加的研究讨论会和学术研究会各一次。这些学术活动给钱学森提供了创造性思维的良好机会。

冯·卡门是一个非常开朗的人。他的教学方法非常民主。就在他主持的讨论会或研究会上，不论资历深浅、年龄大小，人人都平等讨论，畅所欲言。他鼓励大家在学术上互相切磋，大胆争论，特别是鼓励年轻学生要敢于向理论权威挑战。而冯·卡门自己便常常与他的学生发生争论，有时几乎争论得面红耳赤，互不苟同。当然，一旦他发现自己错了，也从不顾及面子，而是主动坦率地向学生承认自己的错误。因此，冯·卡门主持的讨论会总是既充实又富有生气。

冯·卡门这种坦率诚恳、虚怀若谷的治学态度，给了钱学森以深刻影响，极大地培养了他勇于探索、敢于向权威挑战的精神。钱学森很快将冯·卡门当成了自己的楷模。也许我们今天能从钱学森的身上可以看到冯·卡门的影子。

冯·卡门把数学看作是打开自然界秘密的得力工具和基础技能。所以，他非常注重数学功底。而钱学森恰恰具有扎实的数学基础，他具有潜在的数学优势和天赋，这是冯·卡门非常高兴的。他对钱学森的数学才能和丰富的想象力作了这样的评述：

钱学森在许多数学问题上和我一起工作。我发现他非常富有想象力，他具有天赋的数学才智，作为我的学生，他帮助我提炼了我自己的某些思想，使一些很深的命题变得豁然开朗。这种天资是我不常遇到的，因此，他和我成了亲密的同事。

钱学森与导师冯·卡门的友谊与日俱增。在校园里，在帕萨迪那大街上，人们常常可以见到这师生二人的身影。他们边散步边谈论着空气动力学以及其他感兴趣的事情。冯·卡门总是用富于启发性的语言来提醒这个物理学界才华横溢的弟子。他们谈到爱因斯坦的学说，谈到提出原子结构模型的欧·卢瑟福爵士。一次，他们谈到居里夫人发现的镭元素中的一个分裂的原子，将一种元素嬗变成了另一种元素，钱学森风趣地说："这不意味着我们中国古人炼金术所追求的'点石成金'的幻想，可能成为事实吗？"冯·卡门微笑着，赞许地点点头。这位导师对于学生的丰富想象力总是给予肯定。

师生之间闲谈的话题相当广泛。他们不仅谈物理学，还涉及到物理学之外的许多丰富多彩的知识。冯·卡门对钱学森说：

"你如果占据了多种学科知识，那你的大脑就将是一座知识的宝库，将随时闪光。"

在钱学森看来，导师冯·卡门的实验室，是孵化自己最美丽理想的巢穴，是度过自己年轻时代最快乐的地方。

钱学森出众的才华，在学习和研究中越来越突出地表现出来。冯·卡门发现，这个来自中国的年轻人不同凡响，他所提出的问题，往往是当代火箭飞行领域的关键所在。

一天，杰出的理论家、物理系教授爱泼斯坦急匆匆地来找冯·卡门。他劈头问道：

"朋友，你是否有个学生叫钱学森？"

冯·卡门被这个急性子的犹太人问得摸不着头脑，以为钱学森发生了什么事情，便点点头，表示确有此人。

只见爱泼斯坦拿出一张试卷，一边展开一边说道：

"就是你的这位学生，有时到我的班上去听课，他解答问题的方法与众不同，可以说有些玄妙。我看这个人有非凡的想象力和数学天才，不知你是否发现？"

冯·卡门舒了一口气，接过爱泼斯坦手中的试卷看了看，果然是钱学森的手迹，说道：

"是的，我的老朋友，在这一点上我们俩的认识完全一致——他是一个难得的天才。"

"原来如此。"爱泼斯坦眨了眨眼睛，诙谐地问冯·卡门，"你是否觉得这个中国人身上有我们犹太人的血统？"

冯·卡门耸了耸双肩，表示无可奉告。但是他的确在思考这样一个问题——

不错，世界上有不少知名学者和科学家，譬如马克思、爱因斯坦等，都是犹太人，或具有犹太血统。不过，爱泼斯坦忽略了一个智慧而勤奋的东方民族，这古老的东方民族曾经以物质文明和精神文明的光芒照耀了人类历史进程。钱学森正是这个伟大民族的子孙。

于是，冯·卡门郑重地告诉爱泼斯坦："我的学生钱学森是纯粹的中国人。"

这时，两个具有犹太人血统的教授不约而同地、赞叹地摊开他们的双手。

这位科技巨擘常常由钱学森想到中华民族。他认为，世界上最聪明的民族有两个，一个是匈牙利民族，另一个就是中华民族。由此可见，一个身处异国他乡的人，一举一动，一言一行，总是自觉不自觉地代表着他的民族。钱学森以自己的聪明才智及良好的素质，为炎黄子孙赢得了光彩。

1939 年 6 月，在冯·卡门指导下，钱学森完成了《高速动力学问题的研究》等四篇博士论文，取得了航空和数学两个博士学位。钱学森的论文，以其精确性和独创性，震动了美国物理学界。

→ 为美国设计了第一枚"下士"导弹

★★★★★

钱学森以无畏的勇气，投身火箭"自杀俱乐部"，并且同他的同仁一道，为美国设计了第一枚下士导弹。

20 世纪 30 年代末期，世界充满了争斗与对抗。

1937 年，中国发生七七事变后，身在异国的钱学森怀着对侵略者的满腔仇恨，毅然把自己的科研方向转到为反侵略战争服务的轨道上来。这是他整个科学研究生涯的重大转折。为此，一方面，他应美国空军所需，深入研究航空动力学、流体动力学，以便制造高速飞行的飞机；另一方面，他也十分注重现代火箭的研究和实验。

由于他掌握了渊博的科学知识，他既有数学家的头脑，又有物理学家的深厚知识和实验技能，所以，他既可以同数学家合作，又可以和物理学家共事。

他能以熟练的计算能力解决技术上的许许多多细节问题。

就在 1937 年秋季，钱学森结识了热心研究火箭技术的美籍俄罗斯人马林纳。

马林纳于 1934 年来到加州理工学院，从事火箭飞行研究。他在火箭飞行研究中遇到难题，时常求教于冯·卡门教授。

马林纳在火箭飞行研究的过程中，有三个忠实的青年伙伴。一位是福曼，他醉心于火箭引擎的构造，一位是白逊斯，另一位是初出茅庐的火箭专家史密斯。有趣的是，这三位青年并不都是加州理工学院的学生，由于在火箭飞行研究方面有共同的志趣，结成了一个研究集体。他们自称这个火箭飞行研究小组为"火箭俱乐部"。

这时，钱学森对航空动力学和火箭飞行研究同样具有浓厚的兴趣。有一天，钱学森与马林纳并肩坐在教室里听课。恰巧，钱学森手里拿了一本载有马林纳关于火箭研究方面的文章的杂志。于是，他们二人相识了，而且热烈地讨论起这篇文章来。

从此，钱学森成了马林纳"火箭俱乐部"的成员。

开始，这个俱乐部是个民间组织。一无资金，二无设备，没有试验场地。然而他们的热情不减。没有设备，几位年轻人到旧货摊上、废品仓库里去拣零件自己改装。因为这类试验稍有不慎便有发生爆炸的危险，所以，马林纳戏称他的伙伴们为"自杀敢死队"。

"火箭俱乐部"的研究和试验活动，得到了冯·卡门的热心支持。在他们没有试验室的时候，冯·卡门就曾冒着风险，允许他们这个火箭飞行小组在课余时间利用加州理工学院航空实验室的设备进行试验。后来，又多次回答他们提出的理论和技术问题。

这一天，火箭试验的一切技术都已经准备完毕。马林纳走过来，拍了拍钱学森的肩膀，钱学森微微一笑，两个人默契地又将试验装置重新检查了一遍。他们都明白，这次试验必须慎之又慎。就在五个年轻人满怀信心地进行这场冒险试验的时候，死神已悄悄地溜进了昏暗的试验室。

"点火！"随着马林纳一声令下，三秒钟过后是一声"轰隆！"的巨响，古根海姆大楼摇晃起来。五名勇士被爆炸的气浪掀翻在地。没有等到他们清醒过来，又是一声巨响，发生了第二次爆炸。这次爆炸力很大，竟然将一个定位器高高抛起，而后在空中开花，像是一枚榴霰弹一样，被炸开的金属零件飞向实验室的四壁，有一块"弹片"恰好射中马林纳平时坐的椅子靠背。万幸的是马林纳这时已经匍匐在地上，否则，正如马林纳在事后说的那样，他将成为名副其实的"自杀队"的首领了。

爆炸声惊动了加州理工学院执行委员会主席罗伯特·米列根。他怒发冲冠，勒令"火箭俱乐部"停止一切试验活动。他大声对冯·卡门说道："这太可怕了，你这个'火箭俱乐部'，简直是个'自杀俱乐部'，就叫'自杀俱乐部'好了！"

从此，"自杀俱乐部"的名声在加州理工学院校园内传开了。

古根海姆大楼已被学校当局勒令停止火箭试验活动。停止试验，就等于宣布"火箭俱乐部"的死亡，这是几个年轻人绝对不能接受的。于是，他们将试验平台迁移到远离洛杉矶的马特里山的一个偏僻的山谷中去进行，他们自己动手盖了一座简易的火箭试验台。

从此，这片寂静的山谷，滚动起阵阵春雷，惊得獐狍麇鹿和野兔到处逃窜，雉鸡山雀四处纷飞。他们庆幸自己找到了更为广阔的实验天地。

钱学森与马林纳的友情日渐深厚，他们二人还有一个共同的朋友威因鲍姆。跟这些朋友在一起，钱学森很快活。威因鲍姆是加州理工学院的马列主义学习小组的负责人。钱学森是经马林纳介绍参加这个学习小组的。正是在那里，他结识了这位俄罗斯血统的美国人。

威因鲍姆博士，原是乌克兰人。由乌克兰工学院转到美国加州理工学院。他与钱学森一见如故。他们之间的谈话很投机，话题也很广泛。他们由音乐往往也谈及文学，谈十月革命，威因鲍姆是位博学多才的人，也是个中国通。威因鲍姆问钱学森：

"钱先生，我问你，拿美国与中国比，你更爱哪一个国家？"

钱学森从容地回答说："谈到美国，尽管这里是孕育现代科学的摇篮，这里也给我留下了诸多美好印象，但拿美国与中国比，我还是更爱中国。"

"这是为什么？"马林纳和威因鲍姆几乎是同声问道。

钱学森笑微微地说："因为中国是生我养我的故土，所以，我更爱恋自己的祖国。"

这时，威因鲍姆伸出大拇指说："了不起，钱先生，伟大的爱国主义者！"

他们的集会，多数情况下是讨论一些哲学问题或伦理问题。威因鲍姆也时常引导大家认真地学习和讨论马克思和恩格斯的哲学著作。

钱学森在加州理工学院结束了三年的研究生学习取得博士学位后，留在该院任教。他由冯·卡门的得意学生进而成为冯·卡门的亲密助手和同事。

从 20 世纪 30 年代末到 40 年代期间，钱学森与冯·卡门合作研究的诸多成果，由他们共同署名，发表了许多论文。在他们师生之间，充满了浓厚的情谊和合作精神。这在美国的科技界也被传为佳话。尤其是，他们共同创造的著名的"卡门—钱学森公式"，更是世界航空科学史上闪光的一页。

这期间，钱学森和马林纳在冯·卡门的支持下，在阿洛约赛克山谷建造了一座发射火箭的试验台——这是美国最早的火箭发射台。它是火箭发动机试验站的重要组成部分。

应当特别指出的是，当时钱学森与马林纳提出的一个观点，对后来火箭科学工作者的发展，可以说是做出了具有奠基意义的贡献——他们早在1939年就预见到，作为载体推动力的火箭，需要三级，而第三级最后可以离开大气的阻力。当今，太空火箭（包括航天飞机）发射成功的事实，证明了他们的学说对于火箭航天事业是超前的奠基性的贡献。

钱学森与马林纳的火箭飞行研究，经过长期缺乏资金的艰苦奋斗之后，好消息终于传来了：由于他们卓有成效的工作，为美国火箭的研究和制造开了先河，引起了美国当局的注意。当年的美国空军总长亨利·阿诺德来到阿洛约赛克火箭发射台，观看了他们的火箭飞行试验，认为值得发展。

亨利·阿诺德这个西点军校出身的美国军官，被认为是当时美国的有识之士。1944年6月，冯·卡门因患肠癌动了大手术，正在纽约休养。一天，阿诺德将军把电话打到了纽约的冯·卡门病榻前。于是，冯·卡门和马林纳被邀请到了华盛顿，阿诺德和他们商讨，拟在美国国家科学院之下，成立一个专门委员会，协助美国空军发展火箭事业。

由于冯·卡门从中斡旋，美国科学院于1939年同意在加州理工学院建立火箭中心。

随后，美国军方又委托加州理工学院举办喷射技术训练班，钱学森被聘请为这个训练班的教师。从此，钱学森开始与美国的陆海空三军技术人员有了接触。这个训练班的学生，后来多数成为美军从事火箭导弹工作的军官和工程技术人员。

1940年德国在西线发动闪电攻势，1942年，盟军初步得到一个情报，说是德军在一个叫佩内明德的渔村附近，在研制一种叫做"V-1"的导弹。

这个情报在盟军领导层引起了震惊。因为"V-1"如果装备了部队，显然是军事进攻武器中的一张王牌。

根据这位特工提供的确凿情报，美国空军的一架侦察机把佩内明德镇的试验设施全部拍摄下来。8月，英国出动轰炸机轰炸了佩内明德，使德军的这个还处于襁褓中的导弹试验基地遭到严重破坏，致使德国法西斯的导弹试制推迟了几个月，为盟军赢得了时间。

这时，美国军方人士想到了加州理工学院原来那个"火箭俱乐部"的一些成员。

那是一个春光明媚的上午，已经担任美国某军事研究机构顾问职务的冯·卡门教授，邀请钱学森外出散步。他们在一片绿草地上坐下来，冯·卡门深情地对钱学森说道：

"钱先生，我准备推荐你参加一项军事研究项目，你大概明白这将意味着什么吧？"

钱学森凝视着停留在天空的一片白云，沉默了一刻，然后，对他所尊敬的导师说道："对不起，请允许我考虑成熟以后再回答你好吗？"

冯·卡门理解地点点头。

自从那天同冯·卡门教授谈话之后，钱学森一直处在深深的思考之中。国家、民族的屈辱和仇恨，一股脑儿地涌上他的心头。中日甲午海战的硝烟，焚烧圆明园的火光，"八·一三"上海滩的血战，七七卢沟桥畔的枪声，南京大屠杀的血腥……这一幕幕民族悲剧，使他百感交集，忧心如焚……

三天后，钱学森向冯·卡门教授明确表示他同意导师的推荐。他想到，从眼前来说，帮助美国军队也是在参加国际反法西斯的斗争；从长远来说，掌握了这张王牌，回国之后，可以为祖国的国防现代化、为保卫神圣的祖国贡献力量。

于是，钱学森继续与马林纳合作，共同研究火箭、导弹这一课题。

1943 年 11 月，钱学森与马林纳合作完成了《远程火箭的评论和分析》的研究报告。他们在报告中提出了美国第一枚下士导弹的研制方案。

冯·卡门教授在同钱学森、马林纳讨论了这份报告以后，进一步核实了报告的数据，附上自己的一份备忘录，亲自送交美国陆军军械署技术部。

这份报告如同一支兴奋剂，给沉闷的美国军事科研注入了生机。五角大楼的首脑们互相传阅着报告的摘要，他们透过报告的字里行间，似乎看到了战争之神手中那银光闪闪的利剑，似乎看到了盟军对法西斯的威慑力量。

1943 年 2 月，苏军歼灭了被围的德军精锐部队，取得了斯大林格勒全线的胜利，使第二次世界大战的局面出现了新的转机。在此期间，希特勒为扭转战局，便把赌注押在新式武器上。6 月 17 日，他下令用"V-1"和"V-2"飞弹隔海狂轰滥炸英国伦敦——这是世界战争史上第一次使用导弹。但是，由于当时制导系统技术不精确，大部分导弹未能击中伦敦市区，而是落在伦敦市郊甚至更远的地方。有趣的是，其中一枚导弹由于制导系统故障，竟然在飞向伦敦途中掉头回飞，在希特勒避弹所的上空爆炸，把希特勒吓了一跳。

尽管如此，德国的导弹还是把英国朝野吓得惶惶不可终日，也在反法西斯同盟领导层中引起了不小的恐惧。美国当局连夜研究对策，寻求应付办法。最后决定，立即委托冯·卡门用最快的速度研制中远程导弹。

冯·卡门接受任务后，向钱学森、马林纳转达了美国军政当局的要求。经过研究，他们确定由钱学森负责理论组的工作。钱学森提名林家翘、钱伟长一道参与理论组的研究。钱学森的提名很快得到批准。有了林家翘、钱伟长的加盟，导弹理论研究工作进展很快。他们首先做了导弹分析，接着，又进行了燃烧室热传导与燃烧理论的研究，并将研究成果及时提供给五角大楼。这期间，钱学森与钱伟长不断地来往于加州理工学院的喷气推进实验室和华盛顿五角大楼之间。

当美国五角大楼的将军们看到一份份研究成果时，情不自禁地搓着手，兴奋地大声说道："干吧，现在轮到我们啦！"

由于钱学森、钱伟长等人卓有成效的工作，这项被誉为"美国导弹先驱"的计划，迅速被推上了研究轨道，一批"下士"导弹被制造出来，运往欧洲前线，变成了实实在在的对法西斯强盗的威慑力量。

可以说，美国第一枚导弹的设计工作，是由钱学森和钱伟长、马林纳等合作，在冯·卡门的指导下完成的。因此，钱学森、钱伟长被称为美国导弹事业的奠基人。

不久，钱学森被聘请为美国航空喷气公司的顾问。他置身于美国军事科学的核心部位。

第二次世界大战结束后，美国空军在一次绝密报告中，留下了这样的记录：

钱学森为战争（第二次世界大战）的胜利做出了卓越贡献。

1946 年暑假期间，钱学森离开加州理工学院，回到他刚来美国时就读的麻省理工学院，担任副教授。由于钱学森在空气动力学、火箭飞行理论、数学领域的优异成就，1947 年 2 月，他刚满 36 岁便成为麻省理工学院最年轻的终身教授。

早春二月，美丽的查尔斯河畔，春寒料峭。名师荟萃的麻省理工学院航空系大楼人头攒动。原来刚刚升任终身教授的钱学森，将在这一天作题为"飞向太空"的演说。

这天下午 6 时，院长在航空系大厅接待各方来宾。他们之中有美国国内著名的火箭飞行专家，也有专程从加州理工学院、哈佛大学等著名学府赶来的知名学者、同行，还有钱学森的同学、同事以及中国老乡，更为特殊的是，还有来自华盛顿五角大楼的军界代表。这么多的学者、专家特别是军界要人赶来参加钱学森学术演讲会，使人们感到有一种隆重的气氛。的确，对于钱学森来说，这是他一生中非常重大的事情。

晚 7 时整，来宾们步入演讲大厅。有趣的是，在每一位来宾的桌面上都摆放着一张卡片。在卡片上面印着这样的字迹：

请你猜猜看：由本院培养出的硕士生中，哪一位荣获了本院最年轻的终身教授的桂冠？

由于人们并不知道钱学森升任终身教授一事，所以都纷纷议论着、猜想着。但是，谁也没有想到这个最年轻的终身教授就是眼前的钱学森。因为，钱学森只当了一年副教授。当人们把谜底揭出来后，来宾们都被麻省理工学院大胆破例的举动惊呆了。

这一天，钱学森的演讲和模拟表演，内容新颖生动，引人入胜。会场鸦雀无声。尖端科技的未来，将听讲人带进了太空时代。他们的心田，充满了遨游太空的畅想和激情。

演讲结束了。会场的灯光大放光明，大厅里再度爆发出热烈的、经久不息的掌声。院长兴奋地走向前去，热烈拥抱钱学森，祝贺他演讲成功。钱学森作为第一个走进麻省理工学院终身教授行列的中国人，第一个在这种场合里做演讲的中国人，心中充满了作为一个中国人的骄傲和自豪。

1947 年的初夏季节。

钱学森收到了父亲寄自上海的一封家信。一声晴天霹雳从信中传出：他的母亲已经故去。现在，家中只剩下老父亲一人独居。父亲在信中说，他几乎是夜夜在梦中呼唤着远方的儿子。

这真是一个使他撕心裂肺的噩耗！信尚未读完，泪水已经遮住了视线。钱学森恨不得为故去的母亲大哭一场，但是这毕竟不是在国内。强烈的悲痛使他无法在室内安静，他跟跟跄跄地奔向室外的草坪，奔向附近的树林，奔向查尔斯河畔……

他漫无目地走啊，走啊，眼前的一切似乎都视而不见，脑际里唯有家乡，心田里只有母亲的音容笑貌。不知不觉，他已走进坎布里奇市车水马龙的街道。

"尊敬的先生，请赏我一枚硬币吧！"一个老人坐在桥头，手里拿了一只残旧的搪瓷杯，朝钱学森呼叫着。

乞怜的呼叫声使钱学森从茫然中惊醒过来。他停住脚步，看了看这位乞讨的老者，不禁又想到了死去的母亲。他忆起了儿时在北京跟随母亲上街，每逢遇到乞讨之人，母亲总是解囊相助的情景，心中又是一阵酸楚……

　　他朝那个老人走去，从衣袋里掏出一叠美钞，恭恭敬敬地递到那位残疾老人手里。那老人看着手中的一叠美钞，惊愕万分，连声说道："谢谢你，好心肠的先生，愿上帝保佑你！"

　　钱学森赶忙说："老人家，赶快回家吧。这些钱足够你一个月用了。"

　　那老人摇摇头，两行热泪从昏花的眼睛中涌出："好心的先生，波士顿没有我的家啊！"

　　钱学森用怜悯的眼神凝视了老人良久，摇了摇头，叹息了一声，向前走去。

　　"先生，请等一等！"

　　背后又传来了那位残疾老人的呼唤声。

　　"老人家，有什么事吗？"钱学森回过头来问道。

　　"我是想知道，尊敬的先生是否来自那个古老的中国？"钱学森点点头。

　　"这样就对了，人们常说东方人狡诈，只有中国人心地善良。看来，这话没有错啊！"老人诚恳地说，手在胸前连连画着十字。

　　老人的话，使钱学森感到一种慰藉。他得到的回报竟是对一个国家、一个民族的夸赞，这是他始料不及的。由此，他又想到了母亲那无声的教诲。

➡ 上海的婚礼

★★★★★

冯·卡门教授谈到钱学森的婚姻时,异常兴奋地说:
"钱现在变了另一个人,英真是个可爱的姑娘,钱完全
被她迷住了。"

这年夏季,钱学森向麻省理工学院当局请假,
回国探亲。这是他到美国 12 年以来,第一次回归
故里。

飞机降落在上海龙华机场。

钱学森走下舷梯时,天下着蒙蒙细雨。走出龙
华机场,在出租车上,钱学森目不转睛地注视着一
条条既熟悉又陌生的街道。然而,呈现在他眼前的,
是一家又一家萧条冷落的店铺,一块又一块油漆剥
落、歪歪斜斜的破旧招牌。路面上到处是垃圾秽物,
肮脏的角落里倒卧着奄奄一息的行乞者。

尽管回国之前他从新闻媒体中,已经知道了一
些中国的现状,但是,眼前看到的景象,还是令他
吃惊。目睹这一切,他本来就凄楚的心,更增添了

几分悲切。

踏进家门,他看到了日夜思念的父亲。父亲并不像想象的那样病弱。只见老人家红光满面,神采奕奕。这毕竟是不幸之中的万幸,钱学森的心情一下子好了许多。刚刚落坐,爷儿俩便拉起了家常。钱学森问父亲生活得怎样,吃穿用项缺不缺,父亲告诉他,他每月寄回家来 200 美元,不仅够吃够用,还经常周济一些穷困的亲戚朋友。

晚间,钱学森与父亲头挨头睡在一张床上。父亲向他叙述了母亲离去的那天的情形:

"那天是个阴沉沉的雨天,但在最后一刻天放晴了。你母亲突然睁开双眼,像是在寻找什么。她用颤抖的声音说道:'天晴了,学森该——该回——回来了!'

"我说,是的,天放晴了,飞越太平洋的新航线就要开通了,咱们的学森就要坐飞机回来了,你千万要等他呀!

"你母亲吃力地点点头,安详地闭上了双眼。她也许是在耐心等待你回来。可是,她终究没能见到你,她带着对独生子的深深思念,离开了我们,离开了这个世界。"

钱学森听了父亲一席话,早已抽泣得说不出话来。

这天夜间,钱学森彻夜未眠。母亲那明澈慈祥的大眼睛,总是浮现在他的眼前,他痛苦而甜蜜地回想着母亲的一切——

母亲与家中仆人的和睦相处,母亲对穷朋友解囊相助,母亲走在街上对乞讨者的施舍,特别是母亲与父亲忠贞如一的倾心相爱,对儿子体贴入微的关怀和谆谆教诲……

他彻夜回忆着、体味着,他感到回忆是一种痛苦的失落,又是一份获取的享受。

次日,钱学森去看望了蒋家伯母和其他人。

从父亲口中得知,钱学森非常敬仰的那位博学多才、宽厚待人的世伯蒋百里先生已经过世了。这使他十分悲伤。

钱学森首先向蒋伯母表示了慰问。蒋伯母也对钱母的过世表示了痛惜之情。谈话中，自幼青梅竹马一同长大的蒋英闻声赶来。她早在一年前由欧洲回归祖国。

蒋英在德国接到了父亲病故的噩耗。这噩耗对于一个孤身在异国他乡的少女，在心理上的打击太沉重了。但是，她还是强忍悲痛，以顽强的意志，继续在异国他乡完成了学业。听完蒋英的一番叙述，他对眼前这个柔弱而刚毅的姑娘，在炽热的爱恋之中又增加了几分敬慕。

"英子，过去的十多年来，真是难为你了。一个女孩子只身在欧洲打拼真是不易啊！如今战争已经结束，我想你的未来将是美好的。"钱学森的话语充满激情。

蒋英报以苦涩的微笑。而后，是久久的沉默。

从蒋英家回来，钱学森的耳畔一直萦绕着蒋英那甜美的声音。这声音牵动着他的思绪，使他做什么事都专心不下来。

他越发眷恋她了。于是，他决定向她求婚。

钱学森把自己的心思讲给了父亲，父亲听了自然是非常高兴。因为，这也是父亲牵肠挂肚的一件大事。

钱学森终于下定决心，走出家门，向蒋英求婚。

这天，是农历七月初七。这是钱学森刻意选择的良辰吉日。

他来到蒋家，问过蒋伯母安好之后，便与蒋英单独晤谈。钱学森亲昵地问蒋英道：

"英子，你知道今天是什么日子吗？"

蒋英摇摇头。钱学森指了指她家墙上的日历，说道："今天是农历七月初七啊，这是牛郎织女相会的日子！"

蒋英羞怯地笑了，脸也红了。钱学森走到蒋英面前恳切地说：

"英子，12年了，我们天各一方，只身在异国他乡，尝遍了人生的酸甜苦辣。我们多么需要在一起,互相提携,互相安慰!天上的牛郎织女每年还要相逢,我们却一别 12 年! 这次我回来,就想带你一块儿到美国去,你答应吗? "

可是,蒋英回答钱学森的竟是许久的沉默。她感到学森的求婚来得似乎有些突然。她想到,她与学森始终恪守兄妹关系。他们纵有互相倾慕之意,但从来没有公然流露,更没有像西方电影或歌剧中恋人那样,柔情蜜意,相依相偎。她曾经幻想着、等待着成为学森新娘的那一天。但是,梦幻总归是梦幻,这一天真的来到眼前了,她似乎还没有勇气面对这一现实。出于自尊,她竟然让钱学森碰了一个软钉子。她沉默了一会儿,说道:

"学森哥,你提出结婚的事,我感到有些突然。特别是要我跟你到美国,这样的大事,我需要一定时间去考虑。今天,我不能回答你,请你原谅! "

对于蒋英的回绝,钱学森并不追问"为什么"。因为他心里明白,他们之间的关系由过去的朦胧状态,一下子明朗化,女孩子有女孩子的自尊,哪能一下子就痛快地说定了呢? 不过,这对钱学森来说,只是个时间问题,娶蒋英为妻在他心目中是铁定了的,这是经过他那聪颖的数学大脑的逻辑推理得出的结论,现在无需再做什么论证了。三天之后,钱学森再次来到蒋英面前,依旧是那样直率而明确地问道:"英子,怎么样,想好了吗? 咱们结婚吧! "

蒋英抬起头,望着面前这位大哥哥,他率直得如此可爱,痴情得到了发憨的地步,这与在复杂的科研课题面前足智多谋的钱学森,简直是判若两人。这么大的反

△ 1947年8月30日钱学森与蒋英的结婚照

差，使蒋英再也忍俊不禁了，她发出爽朗的笑声。

这笑声，开始使钱学森感到莫名其妙，继而，他完全明白了其中的奥秘，于是，他大胆地拥抱了蒋英。这是他们平生对异性的第一次拥抱，一次破天荒的拥抱。

8月30日，一个美好吉祥的秋日。这天，天空格外晴朗，双方的亲友都早早地等候在上海国际饭店二楼的大厅里——钱学森与蒋英这两个海外游子在这个美好的秋日在这里举行了婚礼。

因为当时国内局势很混乱，振兴祖国科技事业的心愿难偿。为此，钱学森决心暂时再度回到美国，继续他的火箭推进技术的科研事业。一旦国家有所好转，他将毫不犹豫地听从召唤，为祖国效劳。他将自己的选择，原原本本地告诉了蒋英。蒋英完全支持他的决定。

钱学森决定再次返美，他率先返美，待蒋英办好出国手续时再前往，得到双方家长的同意。

1947年9月26日，钱学森回到美国波士顿，在坎布里奇市麻省理工学院附近租了一座旧楼房，算是安了家，并且特意买了一架钢琴作为迎接新婚妻子的礼物。

钱学森和蒋英的新家，陈设很简朴，起居间摆了一架三角钢琴，平添了几分典雅的气氛。这架钢琴是钱学森家中最奢侈的一件家当了。

在一般人的印象里，搞科学技术的和搞艺术的，中间似乎隔着很远的距离。但是，在钱学森眼里，情况则完全不同。他们夫妇不仅感情深笃，而且在艺术上、事业上也有共同语言。钱学森本来就非常喜欢艺术，尤其是喜爱音乐；而蒋英则见多识广，对钱学森从事的科学研究工作，有深刻理解，并从多方面给予支持。因此，当蒋英来到美国以后，他们二人精心构筑的小家庭是和睦的、幸福的。

蒋英来到美国之初，许多在美国的朋友纷纷前来祝贺。于是，钱学森为朋友们举办了家庭"派对"。

这天，钱学森的新居热闹非凡。门前停满了远路赶来的朋友们的汽车。室内的客厅里笑语喧哗，有男有女，有黄皮肤、白皮肤的，还有黑皮肤的。世界很大也很小，今天这座小楼里，就装下了来自几大洲的客人。

钱学森满面春风，喜形于色。他把蒋英介绍给每一位来访的朋友。当蒋英落落大方地出现在客人面前时，很多人都被她那美丽的容貌和高雅的气质惊呆了。事后有一位美国朋友说：

"英说话柔柔的，让人一看就想到：她这么好的高挑儿身材，这么好的形象和嗓音，不做时装模特，不当舞蹈家和歌唱家，实在太可惜了。"

当人们知道蒋英是个有相当知名度的女高音歌唱家时，都欢迎她为大家唱歌。蒋英并不推辞，她先唱了一曲家乡的苏杭小调。甜美的歌声，把客人带进了小桥流水的人间天堂。接着，又用德语演唱西洋歌曲。她音域宽阔，声音圆润。那华美的高音区，极富变幻，如行云流水，欢畅跳跃，美不胜收。客人们一再鼓掌欢迎，蒋英不得不连唱了四五首歌。

钱学森只好出来解围，答应再唱一支，就开始"派对"了。

最后一首歌是《耶利亚》。忘情的客人们拍着手，附和着女主人的歌声，一同唱起了"耶利亚——耶利亚——耶利亚！"

蒋英因为长期生活在德国，说得一口流利的德语。来到美国后，一时英语还不过关。钱学森就抽时间教她学英语，而且特别注意在日常生活中讲英语，还不时用英语说一些俏皮话，逗得蒋英咯咯地笑。

蒋英为了尽快地掌握英语，把几首德语歌曲翻译成英语，经常哼唱。因此，这座小楼里时常传出笑语歌声。

被草坪和花木围起来的住宅，是个两人世界，也是他和她的伊甸园。

钱学森和蒋英的美满婚姻，当时在美国成了他的朋友们的佳话，连冯·卡门教授谈到钱学森的婚姻时，也异常兴奋地说：

"钱现在变了另一个人，英真是个可爱的姑娘，钱完全被她迷住了。"

钱学森返回美国之后，在麻省理工学院担任空气动力学、弹性力学等教学课程。与此同时，他还着手研究将喷射推进系统运用到商业航行和其他科研领域中去。这些研究，均受到美国科学界的广泛关注。惊人的

△ 钱学森在美国加州理工学院给研究生讲授远程洲际导弹飞行原理

毅力与非凡的智慧，终于敲开了未知世界的坚硬外壳。他第二次返美一年以后，世界上第一篇关于核火箭的论文发表了。

这篇数十年以后仍被公认为经典著作的问世，震惊了美国科技泰斗们。因为它将人们带入了一个无法想象的新天地，重新唤起了人类开拓宇宙空间的火一般的热情。

1948 年秋季。纽约。

纽约，美国最大的城市和海港，也是美国最大的工业和金融中心。它面向大西洋，身后是美丽的哈得逊河。金秋季节，这里气候清爽宜人，依然树绿花艳，由草坪和喷泉构成的街景随处可见。

纽约是美国人的骄傲。18世纪后期，这里曾是美国的首都。这里有当时世界上最高的摩天大厦——帝国大厦，这里有世界上最富的华尔街，这里有世界上最繁华的百老汇娱乐中心，这里有天堂般的购物中心曼哈顿。当然，也有黑人和波多黎各人居住的贫民窟区哈莱姆。

就是在这里，美国火箭学会举行年会，他们要听一位年轻的中国学者发表演讲。这位年轻的学者就是钱学森。这一天，钱学森向在座的人描述了一个新世纪的远景，在这个新世纪里，人类将可以遨游太空。

钱学森在演讲中用铅笔勾勒出一枚洲际航行的火箭图形，它像一只削尖头的铅笔，长达27米，直径有290厘米。在腹部有一对十字小翼，尾巴上有两个小翅和一个稍大的直翅。整艘火箭的设计重量约为5吨，每小时可达1.2万千米的飞行速度。

美国火箭学会的同行们，对钱学森的讲演听得津津有味。大家都知道，这种“超高速飞行船”已经不再是科学的假设和梦想，而是已经有钱学森这样一批优秀科学家设计好了的高科技蓝图，正在由美国海陆空三军进行试验。

出席这次年会的人员中，就有杜鲁门政府的一位海军次长丹尼尔·金波尔。钱学森被任命为美国航空喷射公司顾问时，他们便开始相识。这位次长在年会的宴会上发表演说，号召科学家们要进行这项科学研究。它认为这种科学研究的积累，同武器积累和战略物资积累一样，对美国的未来，同样是重要的。他还特别提到：

"钱学森就是能够贡献这种积累的人才之一。"

钱学森的演讲，不仅显示他在美国火箭导弹和航天飞行这一科研领域走在了最前沿，也显示出当时的钱学森在美国正处于享有崇高荣誉的巅峰时期。

鲜花，掌声，笑脸，金钱，地位，荣誉……再次向他涌来。

纽约等地的报刊纷纷报道了这一"惊人的火箭理论"。一些出版商还争先恐后地推出有关这位中国籍火箭专家的长篇连环画。报刊上还登载了钱学森满面笑容的大幅照片。

处于荣誉巅峰的钱学森，依旧担任着美国空军科学咨询团顾问和美国海军炮火研究所顾问的职务。此时，加州理工学院和普林斯顿大学都争着要钱学森去他们那里工作。这两所大学都拥有古根海姆基金的喷射推进中心的设备。

不过，钱学森当时的选择很简单，他要同冯·卡门教授在一起工作。他认为他应当继续和冯·卡门一起从事发展火箭飞行和太空飞行的研究事业。于是，他选择了加州理工学院。

经冯·卡门推荐，刚满 37 岁的钱学森又成了加州理工学院最年轻的终身教授。从 1949 年下半年开始，钱学森肩负起该学院古根海姆喷气推进中心主任的职务。他带领研究生开展航天飞行研究和教学工作。

40 年代，钱学森已被世界公认为卓越的空气动力学家，被誉为现代航空科学与火箭技术的先驱和创始人。

1949 年，钱学森和蒋英的第一个孩子永刚降生了。钱学森从他家的唱片中为儿子选出了一组莫扎特的钢琴曲，一个很简单的电唱机，放在儿子的小床头，把音量调得轻轻的。钢琴曲就这样在儿子耳边响起来。于是，莫扎特便用亲切的乐声，向小永刚描绘他的仙境一般的梦幻。

钱学森再次来到加州理工学院任职后，租用了洛杉矶帕萨迪那市郊一所宽敞而简朴的老式楼房。这里环境幽静，有成片的原始森林，有轻柔的绿色草地。

1950 年，牙牙学语的永刚，正在蹒跚学步，他们的小女儿永真降生了。小楼里顿时变得更热闹了。一儿一女的先后降生给钱学森和蒋英带来了难以言喻的欢乐。

毫无疑问，蒋英是个温柔美丽的妻子。但是，她有很强的个性和自尊心。她不是那种毫无主见、对丈夫盲从、百依百顺的妻子。她在尽力完善他们的家庭方面，懂得怎样处理同丈夫的关系。钱学森对蒋英的性格和举止很理解。他为自己的妻子有个性、有主见、不随意改变自己的生活目标而自豪。

被美国软禁的蹉跎岁月

→ 麦卡锡主义的阴霾

★★★★★

麦卡锡主义的魔爪伸向了钱学森。这个昨天对美国的火箭飞行事业"作出了巨大贡献"的国际一流科学家，以莫须有的罪名被送进了美国的监狱，遭到美国当局的残酷迫害。面对淫威，钱学森以"我是大唐的后代"的名义进行了不屈不挠的斗争。

美国与中国远隔重洋，现代科学已经将浩瀚的太平洋变成了两国之间的"一衣带水"。正在中国发生的天翻地覆的大变化，很快地波及到了美国。

在中国共产党领导下的中国人民解放战争，以排山倒海之势迅猛发展。

1949 年 10 月 1 日，毛泽东在北京天安门城楼庄严宣告：中华人民共和国中央人民政府成立了！

从中国传来的令人振奋的消息一个接一个。在美国朝野，在美国人民中间，在美国的华人中间迅速传播开来。钱学森的华人朋友纷至沓来，于是，他的家中也弥漫着从大洋彼岸传来的令人振奋的消息。钱学森心里萌动着回国的念头。

国民党反动集团从中国大陆上的溃败，中华人民共和国的建立，使美国政府极为震惊；而美国工人运动的高涨，美国由战时经济转入正常轨道的调整中引发的通货膨胀，又使美国政府惶恐不安。于是，他们把"防止共产主义威胁"作为主要政治口号。在这种气候下，美国政府反共、反民主的保守势力迅速抬头。

杜鲁门政府推行反民主政策的措施之一，就是政府颁布了"忠诚法令"。根据这项法令，全国250万公务员、300万武装部队成员，都要宣誓"效忠政府"。如果发现"不忠"行为，就要被解职，或者强令辞职。在加利福尼亚大学，竟然一次解雇了157位雇员，原因就是他们不肯正式宣誓"效忠政府"。

1949年9月，苏联爆炸了第一颗原子弹，从而打破了美国对原子弹的垄断局面。美国当局宣布，他们的一位高级科学家克劳斯·福克斯博士把美国某些原子秘密泄露给了苏联。不久，美国国会议员麦卡锡在弗吉尼亚州西部的惠森城举行的一次共和党集会上，他发表了煽动性的演说，声称美国国务院已经被共产党搞得千疮百孔。并扬言他手头掌握了205名共产党员的名单。麦卡锡的演说，立即成了美国国内的头条新闻，惊动了白宫。

很快，反共、反民主的政客，都麇集在麦卡锡的周围。麦卡锡成了反共的急先锋。麦卡锡有杜鲁门政府和联邦调查局作后台，更加胆大妄为。他操纵美国参议院常设小组调查委员会，借口所谓"共产党人渗透"，到处搜集黑名单，进行非法审讯，采取法西斯手段，迫害进步人士，整个美国社会到处游荡着麦卡锡的幽灵。

在第二次世界大战中对美国军事界有着"巨大贡献"的钱学森，在战后竟然成为麦卡锡主义迫害的对象。

1949年的圣诞节前夕，钱学森收到了上海父亲的来信。父亲告诉他，中国人民解放军解放了上海，这是一支神勇之师。纪律严明，秋毫无犯。入城后，不打扰市民，夜宿街头。上海百姓交口称赞。父亲在信中还特别告诉他，如今，上海的面貌大大改变，整个中国的面貌也在大大改变。父亲还叮嘱他，应及早回归故里，以便把他的才能贡献给国家。

然而，在美国社会上肆虐的麦卡锡主义，却悄悄将魔爪伸向了钱学森。

这一天，两个美国联邦调查局人员造访钱学森，对他进行了所谓的"调查"。

他们向钱学森宣读记录，说他1939年曾是美国共产党帕萨迪那第一二二教授小组的成员。现在美国当局要搞清楚钱学森究竟是不是共产党员。

当然，这是无中生有。钱学森从来不是共产党员，所以他感到非常惊奇和愤慨。

于是，两个联邦调查局人员向钱学森提了一连串的问题。

原来早在1938年至1939年间，当所谓的美共产党员比尔·坎柏充当洛杉矶警探队内奸的时候，曾在帕萨迪那支部的档案里发现了一张署名约翰·狄克的党员记录。当时，美国当局无法弄清这个名叫狄克的人究竟是谁。于是他们便向钱学森问道：

"你是否就是约翰·狄克?"

"我从来没用过这个名字。"钱学森回答说。

"那么，你认识威因鲍姆吗?"

"是的，我认识威因鲍姆。"

联邦调查局的两个人交换了一下眼色，接着问道："钱博士，自1938年至1941年间，你时常到这些人家中去吗?"

"是的。因为他们对音乐和东方的事情特别感兴趣，所以，我结识了他们。"

"他们同情中国吗？"

"是的，这就是他们吸引我的原因之一。有谁同情中国我都高兴同他们接近。"

在一连串的询问之后，联邦调查局人员的盘问越来越尖锐，而且含有敌意。他们问他有没有交过党费，有没有交过活动费，有没有参加过共产党的会议……

接着，他们还引诱钱学森揭发威因鲍姆的所谓共产党员的问题。当他们遭到严辞拒绝之后，便合上记录本，站起身来离去了。

那么，被联邦调查局盘问的所谓钱学森参加共产党的问题，是怎么一回事呢？

1938年，大战的阴影，越过大西洋和太平洋，笼罩着美国社会。

这期间，美国知识分子的思想非常活跃。正如本书前面介绍的那样，美国共产党在洛杉矶帕萨迪那区有一个支部，称之为"一二二"支部，这是一个教授团体。

当时，洛杉矶共产党组织的负责人之一比尔·坎柏，是美国联邦调查局打进共产党内部的奸细。这个人经常在共产党的各个支部来来去去，将共产党的活动情报提供给探长海尼斯。

钱学森的确参加了威因鲍姆领导的马列主义学习小组。这个小组每星期例会讨论时事，主题是反法西斯和人民阵线。为此，美国政府当局怀疑钱学森是共产党员。就钱学森本人来说，他并不清楚自己参加的学习小组是共产党的外围组织。

联邦调查局的人走了。但是，此后，钱学森多次发现他的私人信件被拆，住宅电话被窃听。更使他不能容忍的是，他的"国家安全许可证"也被吊销了。这表示他已经不能继续进行航天科学研究，甚至不能留在实验室里工作。

这一系列的打击，使他完全明白了，联邦调查局人员对他的敌意正是代表了美国政府对他的怀疑和敌意。既然美国政府已经抛弃昔日对他的尊敬和褒奖，那么，这个国度就一天也不值得待下去了。

于是，钱学森首先拜晤了加州理工学院的工程系主任林维尔博士，向他讲述了发生的事情。他愤愤地说道：

"我觉得我在美国已不受欢迎了。原本打算本学年结束后回国，以便于学校对工作的安排。现在看，这种考虑已经多余。我不得不提前回国了。"

林维尔认为像钱学森这样一个天才科学家，应该在美国这样一个有着优越科研条件的环境中，充分发挥他的聪明和智慧，从而创造出更加辉煌的业绩。因此，他对钱学森的离美深感惋惜。

钱学森又来到加州理工学院院长华生博士的办公室。他开门见山地说道："院长先生，我很遗憾地告诉你，我要回中国大陆了。"

院长惊愕地问道："为什么？你在美国不快乐吗？"

钱学森把事情的经过陈述了一遍。当华生博士明白了事情原委之后，耸耸肩膀，表示了一种无奈。因为他知道，钱学森是一个自尊心极强的人，自然无法忍受当局强加给他的诬陷。他相信钱学森的话都是可信的，他不相信钱学森是共产党员。

钱学森为全家人购买了太平洋航空公司的机票。机票日期标明：1950 年 8 月 15 日起飞。

6 月 12 日，钱学森飞往华盛顿。

第一位他要辞行的是海军次长丹尼尔·金波尔。

钱学森径直走进五角大楼金波尔的办公室。

"次长先生，我是来向你辞行的。我已经购买了飞机票，准备动身回到我的祖国去了。"钱学森彬彬有礼地说道。

金波尔原来是美国通用航空喷气公司的主席，他一向赞赏钱学森的才华。两年前，他曾出席在纽约举行的美国火箭学会年会。在那次年会上，他对钱学森给予了很高的评价。不久以前，接到钱学森关于辞去美国空军科学咨询团顾问和美国海军炮火研究所顾问职务的报告后，他就已经感觉到情况有些不妙，也预料到钱学森可能要提出回中国。但是，金波尔是按照自己的思维推断钱学森的，以为钱学森可能只是一时的冲动，不一定那样认真。因为在金波尔看来，像钱学森这样才华横溢的科学家，只有留在美国才有用武之地，而且也只有美国才能为钱学森提供得心应手的科研设备和丰厚的物质待遇。他对他的同事曾说过这样的话："难道可以指望一个连老百姓肚子都填不饱的国家，能让钱学森研制出什么尖端技术来吗？"他认为，钱学森回归大陆就等于葬送了自己。这一点，他以为钱学森不会不考虑到。因此，他坦然地在钱学森辞职报告上签了字。

然而，金波尔想错了。钱学森义无反顾，决定马上离开美国，这使金波尔大感不解：

"钱先生，这究竟是为什么？"金波尔把双手摊开，眼睛瞪得大大的。

"次长先生，我受到麦卡锡主义无理迫害，他们说我是共产党员，并收回了我的'国家安全许可证'，事实上我已经无法在美国做我想做的事情了。"

"钱先生，我并不认为你是共产党员。"

"不，次长先生，问题还不仅仅在于怀疑我是共产党员。我是中国人，有自己的祖国，我不能留在这里，制造武器杀害我们的同胞，就是这么回事。"

"你不能离开美国！你太有价值了。"金波尔脱口说出了他的心里话。他自觉失言，接着问道："难道加州理工学院同意你离开美国吗？"

钱学森告诉金波尔，学校当局不同意他离开美国。

"我同意他们的意见，他们不应让你回去。"金波尔的语气相当肯定。金波尔劝说钱学森继续留在加州理工学院，在未澄清有关"国家安全许可证"的问题之前，先担任数学系的教授。他还答应给钱学森介绍一位律师为他辩护。

钱学森毫不退让，他对金波尔坚定地说："次长先生，我要回到中国去，我的主意已定，这事没有什么可商量的余地了。"说完，钱学森转身离开了金波尔的办公室。

金波尔望着匆匆离去的钱学森的背影，目瞪口呆，爱恨交加，久久不知所措。

当金波尔清醒过来时，他的第一个动作就是抓起电话打给美国司法部，他气急败坏地说：

"你们应当立即通知洛杉矶的下属机构，决不能放走钱学森，对，就是那位中国人，你应该知道，那些对我们来说至关重要的情况，他知道得太多了。我宁可把这个家伙枪毙了，也不让他离开美国！"

对方似乎还没弄清钱学森是何许人，为何这等重要。只见金波尔对着话筒大声呐喊，说出了后来为世人所共知的那句名言：

"钱学森，无论到哪里，都抵得上五个师的兵力！"

美国司法部得到金波尔的指令后，立即转告移民局，要他们监视钱学森，不要让他飞离美国。于是，洛杉矶移民局便安排了对钱学森的跟踪监视，并限制钱学森的行动自由。

钱学森完全不知道来自五角大楼的密谋，当他还飞行在华盛顿到洛杉矶的途中时，五角大楼已经部署好了对付他的一切措施。

飞机在洛杉矶降落了。当钱学森走下飞机时，移民局的总稽查朱尔拦住了他。

"你是钱学森教授吗？"

"是的。有什么事吗？"钱学森并没有十分在意。

"我通知你，你不能离开美国，这是移民局执法官兰敦签署的命令。"朱尔将这纸命令展示在钱学森面前。

钱学森接过来细看，这纸命令这样写道：

凡是在美国受过像火箭、原子能以及武器设计这一类教育的中国人，均不准离开美国。因为他们的才能可能被用来反对在朝鲜的联合国武装部队……

钱学森被激怒了，他的脸气得煞白。他已经购买了全家人乘坐加拿大太平洋航空公司的机票，而且，8月15日就是起飞回国的日子。他要据理力争。他向朱尔申明："海外侨民回归故土，是天经地义的事，美国政府无权干涉。何况，美国还是一个自称为'自由、民主、保护人权'的国度。你们的行动已经损害了侨民的自由！"

但是，这时说什么都无济于事，而且，更麻烦的事情正在等待着他。美国联邦调查局的官员无理扣押了钱学森已经装上驳船的全部行李，包括 800 千克重的书籍和笔记本。当检查人员打开板条箱发现这些书籍时，大惊小怪地宣称：

"这里面一定装有机密材料。这个狡猾的中国人的

被美国软禁的蹉跎岁月

全部活动证明，他是毛的间谍。"

美国当局制造了这样的"现场"，他们很快举行了新闻发布会，发布了这一"新闻"。

第二天，美国许多家报纸头版头条新闻中刊登了"在中国科学家钱学森的行李中搜到机密文件"的消息。

事后，美国一位专栏作家不无讽刺地写道：

后来知道，联邦调查局当时宣布的那个"机密"的文件，原来是数学上的对数表……但是，当时联邦调查局这样煞有介事地宣布，是为了给钱学森事件蒙上神秘色彩，并制造紧张的气氛。

1950年9月6日下午，钱学森心中有些烦躁。他手中拿了一本书，展开了又合上，总也无心看下去。他干脆把书本放下，他习惯地走近窗口向外看，只见有两个人向他的家门走来，其中一个就是两个多月前在机场向他下达"不准离开美国"命令的那个叫朱尔的高个子侦探。钱学森知道，要发生的事情终于发生了。

"叮咚！叮咚！"门铃被揿响了。

蒋英抱着小女儿把门打开。只见朱尔带了手枪和手铐，同朱尔一道进来的另一个人是洛杉矶移民局的稽查比尔·凯沙。

朱尔宣读了逮捕令。尔后，钱学森从容地走进房间里拿了剃须用具、三本书和一本练习纸纸夹，他吻了吻妻子和小儿子永刚，便被夹在两个美国人中间离去了。

钱学森遭到了无理逮捕。罪名是所谓"间谍"，被送往特米那岛，扣押在这个岛上的一个拘留所里。

特米那岛是太平洋中的一个小岛，岛上十分荒凉。

只有飞倦了的候鸟在这里歇脚。现代人在这里留下的是石油探井架和一所阴森可怕的牢房。

牢房被铁蒺藜网围着，外面是滔天的海浪。室内，潮湿阴暗，令人窒息。这位曾经受过美国当局高度评价——"为战争胜利作出了巨大贡献"的科学家钱学森，就被关押在这里。同牢的犯人中，大多是墨西哥的越境犯。这些犯人口操西班牙语，钱学森与他们之间言语不通。因此显得格外沉闷、难耐。麦卡锡分子使用了法西斯式的手段，对钱学森的肉体和精神进行残酷的摧残。白天,他们对他无休止地进行审讯；夜间，每隔10分钟，他们便打开一次牢房的电灯，用强光刺激他的眼睛，企图促使他的神经系统发生紊乱，以便取得对他们有用的"口供"，强逼他泯灭回归祖国的信念，使他屈从于他们的强权。

面对麦卡锡分子的残酷迫害，钱学森这位敢于攀登科学险峰的勇士，再一次显示了中华儿女敢于斗淫威的大无畏精神。他充满信心地同美国当局的迫害展开了不屈不挠的斗争。

钱学森在狱中的斗争不是孤立的。伟大的新生的祖国在支持他，美国正义的科学家在支持他，美国人民在支持他，世界上进步的人士在支持他……

钱学森的妻子蒋英昂起了不屈的头颅，她抱着刚刚出生两个月的小女儿永真，拉着蹒跚学步的儿子永刚，四处奔走呼吁，赢得了社会舆论的同情。这位善良的中国女性，只有一个信念，自己的丈夫是无辜的，正义必定会战胜邪恶！

这期间，加州理工学院院长杜布里奇给海军部次长金波尔写了封长信。这封信言辞恳切，很有分量。它不但反映了加州理工学院当局和学院里的朋友们对钱学森的深切同情，同时，也披露了麦卡锡主义所制造的"钱学森事件"的许多真实情况。

当时，钱学森的老师冯·卡门正远在欧洲访问，当他获悉钱学森被捕后非常气愤，万分焦虑。他立即中断访问，提前赶回美国。

冯·卡门一下飞机，便很快联络了加州理工学院的师生及各方面人士，联名向移民局提出了强烈的抗议。

加州理工学院院长杜布里奇为了使钱学森尽快获释，他与冯·卡门教授倡议为保释钱学森募捐。在他们慷慨解囊的带动下，加州理工学院的师生很快募集了1.5万美元的保释金。

钱学森的律师柯柏认为，这是一个极为重要的案件，它关系到一位一流科学家的声誉和前途。因此，柯柏希望将钱学森先行保释，但这事得由检查处决定。所以，柯柏建议由军队和政府双方代表主持，举行一次非正式的初步会商，以确定"事实的真相"。

柯柏原是加州理工学院的法律顾问，具有崇高的社会威望和知名度，故会商如期举行。柯柏安排这次会商，旨在使得检查处明白事实真相。在很多政府要员在场的情况下，柯柏开始了对钱学森的细致盘问。他从钱学森初来美国在麻省理工学院就读的话题开始提问，接着，谈到如何与马林纳相识，如何开始研究飞弹，如何结识威因鲍姆以及平时的来往情形，巨细无遗地一直问到1947年回中国大陆探亲，再经檀香山返美……

"你是加州理工学院的第一二二教授小组的成员吗？"柯柏问道。

"我绝不是你所说的任何组织成员之一。"钱学森回答道。

"你自 1937 年就认识威因鲍姆博士吗？"

"应该这样说，我与马林纳很熟，主要是我们在研究方面有共同的兴趣。马林纳介绍我认识威因鲍姆，并常到他们家里去。我渐渐了解了他们，但我之所以与他们友善交往，是因为他们对音乐有兴趣，而且他们对东方和中国的事情有兴趣。"

"与他们谈话的时候，他们是否对中国的困境表示同情？"

"是的。这是他们吸引我的原因之一。你会记得那时中日战争刚开始，我是中国人，我非常喜欢听到对中国表示同情的话。"

"根据你现在的观察，再回顾过去，你觉得他们是共产党员吗？"柯柏问道。

"如果报纸上的报道都真实的话，答案应该是肯定的。我从报纸上获悉了若干消息。"

"凭你直接或间接的了解，你是否知道你的名字曾经被登记在他们的党员簿里，或正式加盟他们的组织，成为一位共产党员？"

"我没有。"

谈到美国联邦调查局阻止他回国的情形时，钱学森的话便滔滔不绝了。他说明自己收到父亲的几次来信，催他迅速回归故里。他说，美国政府与中国共产党的公开敌对局势，对他很有影响，因为中国大陆是在共产党的领导之下，而他的父亲住在那里，生活完全靠他来维持；因为父亲患有严重胃病，又要动手术，如果美国与中国大陆的公开敌对关系发展下去，他便无法寄钱给父亲。在中国人传统伦理上，他必须对父亲负责，否则，将会使他感到羞愧，这就是他决心回归中国大陆的原因之一。

当柯柏问到他回归中国大陆的其他原因时，钱学森义正辞严地说道："因为我是大唐的后代，我的一腔热血，只图报国。我以为，我的根在中国。"

那位助理检察官杜兹，原是一个懒散的官员，这一天，他不但耐心地听完了柯柏律师对钱学森的盘问，而且还复印了一份全部的盘问速记记录带了回去。

经过这次盘问，司法部允许加州理工学院以1.5万美元，将钱学森保释出狱。

柯柏精心安排的这场询问式的会商，果然收到了预期的效果。这不仅为钱学森提供了据理答辩的机会，而且也通过大量的事实，揭穿了美国麦卡锡主义者的无理行径。15天的监禁，由于遭到美国当局的昼夜折磨，使得钱学森的身心受到严重伤害。获释时，他步履蹒跚，憔悴不堪，体重下降了14公斤。

他迎着初秋季节的海风，踏着开始变黄的草地，踽踽而行。前面是蒋英开来的汽车，妻子儿女在等待着他。这时，一阵鸟鸣传来，他抬头望去，天空是灰蒙蒙的，不见蓝天，不见白云。世界似乎凝固了，只有一排南飞的大雁，似乎看见了它们那高昂的头和骄傲的胸膛，它们奋进的身影，展示出回归的决心。这些大雁似乎永远知道何去何从，一个真正的人，何尝不应如此！

美国当局被迫释放了钱学森。然而，他依旧未能摆脱恐怖阴影的笼罩。美国当局非法限制钱学森的人身自由，他们要钱学森每个月到移民局报到一次，不准离开他所在的洛杉矶，并且要随时接受美国当局的传讯。洛杉矶竟然变成了一个无形的囚室——钱学森被软禁了。

时常是正当钱学森在书房阅读书刊时，突然有联邦调查局的特务登门造访。他们用粗暴的敲门声干扰他的平静，甚至不等主人开门便闯了进来。对于这些不速之客，开始时，钱学森还客气地质问他们一声"有事吗？"这些人无言以对，却大模大样地坐在沙发上，吸烟，喝饮料，旁若无人。后来，蒋英实在忍无可忍了，面对这些流氓特务，她一改往日的温顺，放声怒斥："狗特务，你给我滚，滚！"蒋英挺身而出，把特务流氓赶了出去。

与此同时，美国当局用无休止的重复审讯和盘问，继续对钱学森进行折磨。

1950 年 11 月 15 日，钱学森在洛杉矶一间大厦的小房间里接受审讯。

几十个人挤在一间狭小的房间里。窗门紧闭，百叶帘低垂，空气龌龊而沉闷。

当听审官华尔特宣布了对钱学森的指控罪名之后，审讯便由检查官古尔丘来进行。古尔丘从钱学森 1911 年在上海出生时间问起，然后按时间顺序一直问到他们将钱学森逮捕为止。整个审讯的冗长和繁琐可想而知。如果将审讯的全部记录转录过来，简直可以成为钱学森的半生传记。这里，我们只能将其中某些段落摘录出来，从中可以看到钱学森高尚的气节。

"你要回中国有什么目的？"

"我再重复地说一遍，因为我是大唐的后代，我的根在中国，中国是生我养我的土地，我只图报答她。"

"你认为你应该为谁效忠？"

"我应该效忠于中国人民。"

"谁是中国人民？"

"四亿五千万中国人民。"

"四亿五千万住在共产党中国的人民吗？"

"他们之中大部分住在那里。"

"你认为你应该忠于中国的国民政府吗？"

"如果他们在治理中国，如果他们在做有益于人民的事，那么我应该效忠于他们。"

"你觉得国民政府是这样吗？"

"这一点——我还要等着瞧。"

"那么，现在共产党的中国政府正在对中国人民干着好事吗？"

"我没有消息。"

"你说你没有消息，但你为何又要去那里？"

"是的，如果我到了那里，那么，我将对阁下所问的问题进行了解。"

"你打算带所有的资料——关于航空和喷射推进的文字资料——去干什么？"

"这是我知识的一部分，它是属于我的。"

"你打算怎样使用这些知识？"

"将它放在我的心里。"

"你打算将它用到中国——共产党中国去吗？"

"这是属于我的财产，我有权要给谁就给谁。"

"一旦战争爆发，你究竟是否为美国向红色中国作战？"

"我未曾考虑这个问题。"

"那么，我要问你，你愿否将你在美国所学得的知识用在美国？"

"我早已用在美国了。"

"我再问你，你可以将你在航空学和喷射推进方面的知识用在美国以反对中国吗？"

"这个问题的答案只能与我在前面所作的答案相同。"

至此，钱学森的铮铮铁骨已令美国当局为之色变，而美国当局阻挠钱学森归国的恶毒用心也昭然若揭。

美国当局没有证据定钱学森的罪名。尽管钱学森的辩护律师一再向美国司法当局提出抗议，但美国执行法官依然花费了很长的时间，在政治观点上对钱学森进行质问，以此来胁迫钱学森放弃回归新中国的愿望。但是，钱学森矢志不渝。

经过几个回合的审讯，事实似乎已经非常明朗了。

1951 年 4 月 26 日，美国司法当局的听审官对钱学森案件作出了以下的判决：

钱学森作为侨民，被发现有共产党嫌疑，甚至或者是美国共产党的党员，对于美国的国家安全形成威胁，予以驱逐出境。

根据美国当局的司法程序，钱学森被"设想"为一名共产党员，判处驱逐出境后，又宣布不准钱学森"自由离境"。这就是美国这个"自由世界"的滑稽政治。

1954 年 4 月，有消息传来，美国国务院于 4 月间发布公告，宣布取消扣留中国留学生的法令。这个消息使钱学森夫妇大为振奋。他们再次收拾行李，又把三个轻便箱子整理好，一旦接到联邦调查局的放行通知，便可立即启程。可是，他们又白白等待了很久。联邦调查局的特工人员依旧对钱学森的住所实行严密的监视，他的行踪仍然受到盯梢。他到有关当局去查询，美国当局对他的禁令也并未改口。

他，只有等待。

时间一天一天地过去了。钱学森过着度日如年的生活。他和蒋英都非常焦急，昼夜苦思冥想，不知怎样才能尽快地结束这种日子。突然有一天，蒋英想出了一条妙计——

那是 1955 年 6 月的一天，骄阳似火，蒋英带着两个孩子伴着钱学森佯装到街上闲逛。他们巧妙地避开了特务的尾随盯梢，迅速溜进一家咖啡馆。蒋英边喝咖啡，边逗孩子玩耍，钱学森面前虽然也摆放着一杯咖啡，但他却无暇啜饮，而是以香烟盒做纸，忙着用中文写信。一块香烟纸，密密麻麻写满了小字，上面写道：

我提笔写这便条，万感千念。对祖国、对亲友相思之甚，寸阴若岁。

祖国建设蒸蒸日上，敬之，喜之。阻碍归国禁令已于 4 月被取消。然我仍陷囹圄，还乡报国之梦难圆，省亲探友之愿难偿，戚戚然久之……

恳请祖国助我还乡，帮我结束客居海外生涯，还我报国之宿愿。切切。

短信写好后，他连忙装进一个写好的信封里，由蒋英机敏地投入咖啡厅门口的邮筒里。

这信寄往侨居在比利时的蒋英妹妹家，请她迅速转寄北京父亲的世交陈叔通先生。

→ 周恩来营救钱学森

★★★★★

由于周恩来总理的营救，美国当局终于把一位最出色的火箭专家奉送给了中国。

1954 年 4 月 25 日，中、苏、英、美、法五国外长会议在日内瓦召开，讨论和平解决朝鲜问题和恢复印度支那和平问题。周恩来总理兼外长率领中国代表团出席了这一具有历史意义的国际会议，并由此开始了中美大使级谈判。

五国外长会议期间，中国代表团秘书长王炳南与美国代表团负责人亚·约翰逊（后来任美国国务卿）分别代表两国政府开始了关于平民回国问题的初步接触。

新中国成立后，美国对中国进行军事包围与经济封锁。中美两国处于敌对状态。两国之间，除了在朝鲜战场上较量和板门店谈判中有接触外，再就是伍修权率领代表团去纽约联大控诉美国。此外，别无往来。

朝鲜战争开始以后，美国有一桩心事要和中国交涉，即美国的第一批在朝鲜战场上被俘的美国军人和在中国犯罪的美国人员还押在中国。美国政府既想要求遣返那些在华的美国人员，又不情愿同中国直接接触，害怕造成承认中华人民共和国的既成事实。美国曾设想通过当时与中国已建立代办级关系的英国来办这些事。周总理当年的意愿是，在中美之间留出一条门缝，以便于在没有正式外交途径的情况下，打开一条表达双方意见的通道。

三个月后，中美大使级会谈正式在日内瓦举行。

就在这时，钱学森在咖啡店用香烟纸书写的那封短信，几经辗转，终于送到陈叔通老人的手中。

陈叔通当时任人大副委员长，是钱学森的同乡，也是钱学森的父亲钱均夫的老师。老人展阅钱学森写在香烟纸上的求援信，心情十分沉重。他为钱学森的拳拳报国之心所感动，也为他的险恶处境而焦急，就在他收到短信的当天，便转呈给周总理。

周总理看了这封短信后，激动地用手拍着桌案说："好，有了这封信，我们就可以向他们要人了。看他们还怎样抵赖！"

当即，周总理将王炳南召来，把钱学森的信递给他，严肃地说道：

"炳南同志，这封信很有价值。这是一个铁证。它说明美国当局至今仍在阻挠中国平民归国。你要用这封信揭穿他们的谎言，争取早日使钱学森这样的科学家回国。"

1955 年 8 月 1 日下午 4 时，中美两国大使级会谈再次复会，谈判在日内瓦联合国大楼举行。王炳南按照周总理的部署，首先通知美国代表：

"尊敬的约翰逊大使先生，我们在正式讨论双方平民回国问题之前，我奉命通知阁下：中国政府已经于 7 月 31 日按照中国的法律程序，决定提前释放阿诺德等 11 名被俘的美国飞行人员。他们已于当天离开北京，预计 8 月 4 日可以到达香港。我希望中国政府的这一措施，能对我们的会谈产生有利的影响。"

　　赴日内瓦会议之前，王炳南大使的想法是"先谈判，后放人"。但是，周总理的部署却是"先放人，后谈判"。实践证明，周总理的部署是非常成功的。中国政府释放美国战俘的消息宣布以后，国际媒体很快认识到中国政府对中美会谈是有诚意的，也是积极主动的。媒体导向很快就倾向于中国。连美国各大通讯社的记者都禁不住赞叹："中国人又一次抢去了主动！"

　　8月2日，会谈继续进行。当开始讨论两国平民回国问题时，王炳南大使陈述了我国政府的立场，并把在中国的美国侨民名单提交美方。这一举动，使得缺乏诚意的美方代表立即陷于被动。他们既不能向中国提供相应的在美国的中国侨民名单，又没有具体的措施。美方大使约翰逊在历时一个小时的会谈中，一再声称美国国务院已经在 1954 年 4 月份发布公告，取消了扣留中国留学生的法令。约翰逊还信誓旦旦地向王炳南大使保证，所有以前被命令留在美国的中国技术人员，一经得到通知，可以自由离境。

　　面对当面撒谎的谈判对手，王炳南大使遵照周总理的指示，当即将钱学森的短信及翻译件摆上了谈判桌。而后义正辞严地质问道："大使先生，既然美国政府早在去年 4 月间就发布了公告，为什么中国科学家钱学森博士还在今年 6 月间写信给中国政府，请求帮助回国呢？显然，实际情况并不像大使先生所说的那样。事实是中国留学生的回国要求，依然遭受到种种阻拦。他们的人身自由也受到了严重侵害。请问，这是怎么一回事呢？"

在王炳南大使的质问下，在钱学森的短信面前，约翰逊张口结舌，无言以对。他只好装出一副吃惊的样子，耸耸肩膀说道："难道真有此事？我们要进行调查。"

事实戳穿了美方的谎言。美国政府不得不在 8 月 4 日，即中美大使级会谈的第三天，被迫匆忙通知钱学森，准许他离开美国。长达五年的禁令，终于被解除。钱学森长达五年的软禁生涯，从此宣告结束。

据王炳南后来回忆，20 世纪 50 年代末，周总理在一次会议上，高兴地对大家说：

"中美大使级会谈，谈谈停停，虽然长期没有积极结果，但是，要回来一个钱学森，单就这一件事情来说，会谈也是值得的，会谈也是有价值的。"

1955 年 8 月 4 日，钱学森终于接到美国洛杉矶移民局的通知——他被允许离开美国。

尽管钱学森企盼这一天已经很久很久了，但是，接到这个离境的通知后，他面对妻子，面对一双儿女，面对那三只准备了多年的行李箱，两行热泪夺眶而出。他亲吻了妻子，又抱起两个孩子亲吻不已。永刚和永真听说可以回国，都高兴得跳起来。钱学森顾不上再和妻子说些什么，立即穿好外衣，到轮船公司去购买回国的船票。可是，近期到香港的客轮已经没有好的舱位了，只剩下三等舱的铺位。他一天也不想在美国多待，来不及与蒋英商量，就毫不犹豫地订下了三等舱的船票。

这天午饭，钱学森亲手烧了两道菜，拿出存放已久的葡萄酒，和蒋英对酌。一双儿女也举起可乐饮料杯和爸爸妈妈碰杯。蒋英也清了清歌喉，唱了两首江南小调。在欢乐的气氛中，又增添了一份故乡的温情。

傍晚，钱学森携妻子儿女，叩响了恩师冯·卡门家的门铃。热情好客的一对兄妹，把钱学森一家迎进客厅，冯·卡门和他的妹妹分别亲吻了永刚和永真。

当钱学森向老师说明了即将回国的日程安排时，冯·卡门眼睛也湿润了。这个极少动感情的老人一时说不出话来，良久，才痛惜地说道：

"美国当局干了件蠢事，他们终于把一位最出色的火箭专家奉送给了中国。"

钱学森深知导师的情分，也理解他的政治倾向，他不愿意沿着恩师的话题谈下去，于是，他对一双儿女说：

"永刚、永真，来给爷爷唱一支歌好不好？"

两个孩子点点头，从座位上站起来，走到客厅的中央。冯·卡门亲切地问道："我的小天使，你们要唱什么歌呀？"

永刚用流利的英语回答道："我们唱《快乐的小白鸽》。"

四个大人为两个孩子鼓掌，表示欢迎。

永刚轻轻地说了一声"开始"，小兄妹俩同声用英语唱道：

> 聪明美丽的小白鸽，
> 活泼又快乐。
> 飞到东，飞到西，
> 咕咕，咕咕，
> 嘴里唱着歌。
> 不怕风，不怕雨，
> 飞过高山，飞过大河，
> 它们要飞回故乡，
> 它们要飞回祖国。

这支动听的少儿歌曲，是蒋英的杰作。这对夫妇时时用潜移默化的手法，教育两个孩子心向故乡，心向祖国。

清脆的童声歌曲一结束，冯·卡门便问道：

"噢! 我的小白鸽，你们的家乡在哪里呀？"

"在杭州呀。"永刚回答道。

"你们的祖国在哪里呀？"冯·卡门又问。

"在中国呀。"永真天真地回答说。

"不，不。我的小天使，你们搞错了吧? 我记得你们俩的出生地是美国的洛杉矶呀! "冯·卡门幽默地与两个孩子逗趣。

"不，我的爷爷生在中国，是中国人，所以，我的祖国是中国。"聪明的永真抢着回答。

永刚也不示弱，他补充说："我爸爸的老家是杭州，所以，我的故乡是杭州! "

"噢，原来是这样啊! 爷爷好像明白了。"冯·卡门风趣地眨了眨眼睛，接着又说道，"你们这一对小白鸽要飞回故乡，飞回祖国了，只是爷爷再也听不到你们唱歌了。"

"爷爷想听我唱歌时，就到我们中国去吧! "两个孩子异口同声地回答说。

"噢，完全是中国小主人的口气啊! "老人有些感慨了。

这时，冯·卡门的妹妹为钱学森一家人准备了晚餐。于是，大家到餐厅就座。冯·卡门把天真可爱的永刚和永真安排在他的左右，边用餐边用英语同两个小家伙对话打趣。

晚餐后，钱学森向恩师恭恭敬敬地捧上他被软禁期间撰写的两本书，一本是《工程控制论》，一本是《力学讲义》。这是钱学森赠给恩师的礼品，也是向恩师交上的最后一份答卷。

74岁高龄的冯·卡门，接过钱学森的"礼品"，心情十分激动。他默默地翻动着书页，深情地凝望着他的得意门生。那目光里充溢着无限依恋之情，也充满了自豪：

"钱，我为你骄傲，你创立的工程控制论学说，对现代科学事业的发展，作出了巨大贡献。孩子，你现在在学术上已经超过了我。"

这是一位科学巨擘的话，这是一位有着崇高威望的老师对自己的学生说出的话。这不是老人的谦逊，而是一句实实在在的评语。

钱学森紧紧握着老师的手，久久说不出话来。他感到光荣，他感到自豪，他感到这是很高的荣誉。他奋斗多年，就是要得到这样的评语。因为这说明了炎黄子孙完全可以超过洋人，而且可以超过洋人中的高贤。

1955年9月17日，对钱学森来说，是一个终生难忘的日子。在软禁和抗争中度过五个年头的钱学森，终于取得了返回祖国的胜利。

那是一个晴朗的早晨，天空万里无云，一轮红日照耀着秀丽的帕萨迪那，市区高大的建筑物尖端镀上了一抹金黄。

钱学森夫妇喜形于色，他们携着一双天真烂漫的儿女，向帕萨迪那的住宅区送去了深情的一瞥，然后，匆匆赶往码头，乘上开往香港的"克利夫兰总统号"邮轮。

此行对于钱学森来说，是经过斗争和祖国的解救，才胜利地踏上了回国征程的。而美国当局却是把他当做"嫌疑犯""驱逐出境"的。尽管如此，为钱学森送行的朋友还是络绎不绝，他们向他送去了诚挚的问候和祝福。

夹杂在送行朋友中间最显眼的，是十几名新闻记者。镁光灯"噗噗"地闪着光亮，几只录音话筒，争着伸到钱学森的胸前。记者们向他提出了各式各样的问题。有的问题，他回答了，有的问题荒唐可笑，他不作答；还有一些带挑衅性的问题，他据理予以驳斥。当他回答完美国合众社记者的提问后，转身走进了他们的三等舱。

邮船终于离开了美国的西海岸，向遥远的东方驶去。朋友们在告别，在挥手，"一路平安"的祝福声不绝于耳。

别了，美国！

20天后的一个黄昏时分，"克利夫兰总统号"邮船已驶抵九龙湾，在港外等待泊位。钱学森一家和许多中国留学生，都走到甲板上观看九龙湾的夜景。只见海

◁ 钱学森与妻子蒋英以及儿子永刚、女儿永真一起，于1955年乘"克利夫兰总统号"邮轮回国

湾一带布满了一艘艘灯火闪烁的船只，那灯光跳入海中，斑斑点点，非常迷人。钱学森看到这些远道来的船只，想到古希腊的大海，想到埃及亚利山大那古老的港湾。他想到，当年马可·波罗可能正是沿着这条航道，从中国返回意大利，带去了中国的丝绸，中国的纸张，中国的面粉制造术，也带去了伟大的中华民族的灿烂文化……他感到中国人的祖先是伟大的，中国人的今日与未来也将是伟大的。

也许是由于过度兴奋，整个夜晚，钱学森都是在看表中度过的。

凌晨 4 点钟，他便呼唤妻子儿女，梳洗打扮，准备下船了……

历史的航船行驶到 1955 年 10 月 8 日 7 时，钱学森终于看见了曙光里的祖国。他怀着海外游子回归故里的无限欣喜的心情，急匆匆地踏上了祖国的土地。

经历了 22 天的海上航行，钱学森一家与同船而行的其他中国留学生，终于踏上了连接着香港和大陆的罗湖桥。

罗湖桥的这一端，国务院、中国科学院派来的代表朱兆祥等人，早已等候在这里。

走来了，只见钱学森一家走在了人群的前头，那一张张噙着眼泪的笑脸迎着祖国亲人走来。朱兆祥认准了走过来的钱学森，抢上去同他热烈握手，他们的双手紧紧握在一起。钱学森激动得久久说不出话来——这是他踏上祖国大地之后看到的第一位祖国亲人啊！

人人泪流满面，人人笑逐颜开。欢声笑语，使这冷清的车站顿时热闹起来。

根据钱学森的要求，他到北京之前，要先到上海和杭州去看望老父亲和故乡。

10 月 13 日，钱学森到达上海。当他看到年迈的父亲倚门迎候他一家的时候，热泪禁不住从眼角滴落下来。

永刚和永真用不很流利的中国话问："爷爷好！"

老人看到一双孙男嫡女这样活泼可爱，十分高兴，搂在怀里，淌着热泪连说："我好，我很好！"

钱学森和蒋英搀扶着老父亲走进屋门。这是多么熟悉的地方啊！睡梦中多次回到这里，这里的一切依旧，使他们倍感亲切。

父亲顺手从抽屉里拿出了一套画册，说道：

"学森，这套画册是送给你的。你从小就喜欢国画，不知道现在还喜欢不？"

"喜欢，喜欢。"学森连忙说着，将画册恭恭敬敬地接了过来。这是一套中国历代名画的复制品，印刷和装帧都很精美。是老父亲听到儿子要回国的消息后，特意为儿子购置的礼物。

◁ 听说儿子一家人要回国，钱均夫特意购买了一套印制精美的中国历代名画，送给酷爱中国民族艺术的钱学森。这是一家人围在一起欣赏名画

钱学森爱不释手，翻阅着画册，他突然想起，今天是 10 月 13 日，正巧是永刚 6 岁生日。钱均夫听说是孙子的生日，愈加高兴，笑容满面地说："好，好，好! 今天你们一家人从国外回来，又恰恰是我长孙的生日，真是双喜临门。我们全家人吃长寿面庆贺庆贺吧!"

中午，一家老少三代五口人，围坐在一张桌子上，吃团圆饭，吃长寿面，笑语声声，真是又喜庆又热闹。

1955 年 10 月 28 日，钱学森一家从上海到达北京。中国科学院副院长吴有训和著名科学家华罗庚、周培源、钱伟长、赵忠尧等二十多人，到北京前门车站欢迎。

次日，中国科学院院长郭沫若举行了盛大的欢迎宴会，隆重款待在国际上享有盛誉又饱经磨难的杰出科学家钱学森。

席间，副院长吴有训向钱学森正式交代了由钱学森与钱伟长共同组建中国科学院力学研究所的决定。钱学森欣喜地接受了这个任务。

党和国家领导人给予了钱学森格外的重视和厚爱，为此，敏感的海外报纸从一开头便进行追踪报道。钱学森到达北京的当天，美国一家报纸便用通栏标题，发出了一则新闻：

……当钱学森博士走出北京前门火车站时，中共派出的一队由科学家组成的庞大的代表团欢迎他。代表团中有几位他相当熟悉，其中一位年轻的科学家他很熟，那就是在美国念书时，名为占美钱的钱伟长。钱伟长在加州理工学院念书时与钱学森一同师从于冯·卡门教授，也是火箭专家。

北京，是钱学森少年时代居住的地方。古都数不尽的风景名胜，都在他的心中。这里的许多街道小巷，都留下了他的足迹。20 年后，他又回归故里，备感亲切。

北京的新生活开始了。

开头，钱学森一家人被安排在位于长安街的北京饭店。这里是当年最好的宾馆。清晨起来，一家人站在临街的阳台上，向西可以看到金光灿灿的天安门城楼，再向远处眺望，晨霭中，显露出绵延起伏的西山群峰，它们守卫在北京的西北部，是一道苍翠的自然屏障。向南望去，可以望见高耸的正阳门和崇文门城楼，还有远处天坛祈年殿的蓝色圆顶。一双儿女被北京的风光迷住了，他们兴奋地高呼：

"北京太美了！""北京太可爱了！"

50 年代之初的北京，虽是百废待兴，但已是万紫千红，一派生机勃勃的局面。钱学森所到之处，新气象

◁ 1955年10月28日，钱学森一家到达北京。中国科学院副院长吴有训等20多位著名科学家到前门车站欢迎

扑面而来。人们精神振奋，干劲十足，工人和知识分子当家作主人所焕发出的积极性和创造性，变成了强大的生产力。

两天后，他迫不及待地携妻子、儿女步行来到他仰慕已久、被世人称为中国心脏的地方——天安门广场。

站在这里，他有一种庄严、神圣的感觉，有一种主人翁的使命感。他看到，广场上来来往往的人们，神情都是那样虔诚和神圣，他深信，一个繁荣强盛的中国，就要在东方的地平线上高高耸立起来。

11 月 5 日，国务院副总理陈毅接见了钱学森。陈毅副总理问他回到祖国的感想。他回答说：

"通过回国后的参观访问，我看到，新中国成立才有几年时间，但是面貌发生了很大变化。祖国到处进行着蓬蓬勃勃的建设事业，其规模之大，是我回国之前没有想到的。"

陈毅副总理摆了摆手说道："这仅仅是开了个头嘛！国家让清帝国的'辫子'，拖得太久了；让西洋的鸦片、东洋的铁蹄、八国联军的刀枪蹂躏得太苦了。比起你居住二十载的美国来，大大地落后了。"陈毅同志呷了一口茶，接着说道，"现在国家要搞建设了。我们这些人打仗是可以的，搞建设就不行了。所以，我们千方百计地把你们这些科学家请回国门，目的就是打一个现代化的翻身仗啊！"

钱学森被陈毅副总理的坦率和求贤若渴的精神深深打动了。他迫不及待地向陈毅副总理汇报了他组建力学研究所的一些初步设想。他认为，应该扩大力学研究的范围。各个领域的科学研究，要走在工业生产的前面。科学技术应该为工业指导方向。

陈毅同志对钱学森提出的许多建议，都表示赞同。

钱学森回国伊始，似乎已经找到了知音。所以，他直言不讳地向国家领导人阐述自己的观点和意见，其忠心可鉴。为此，受到陈毅副总理多次称赞。

一个陈毅，一个钱学森，尽管他们的经历不同，所处地位不同，但是，他二人却有许多相同之处，那就是他们都非常务实，非常坦率。

自从同陈毅副总理谈话之后，钱学森在北京饭店再也待不住了。他很快便在北京西郊中关村科学城扎下了营盘。当时，筹建力学研究所还没有房子，只好在数学研究所的一角挤出了几间办公室，作为力学研究所的办公室。钱学森的一间办公室里，放了一张旧办公桌，一张硬床板。室内无装饰，室外无鲜花和草坪，只有窗外投进的一束阳光。

距数学研究所不远的宿舍区，钱学森一家分到一套三居室的公寓。这里，远离闹市，无车马之喧哗，显得非常宁静。宿舍区里有商店、书店、邮局、饭店，购买日常生活用品，倒也方便。更难得的是，距公寓不远，有一处街心公园。园区虽然不大，却有花草树木，有假山水池，还有几处亭台，是个散步休息的好去处。只是这三居室的公寓，与美国洛杉矶那些豪华的别墅式的花园住宅相比，毕竟显得简陋空荡，四壁萧然。他对蒋英说：

"如今咱住的可称作陋室了。但这陋室毕竟是我们有生以来真正属于自己的家呀！"

蒋英会意地点点头，说道："住在自己的家里，我们心里踏实，这才是真正的'安居'。'安居'而后'乐业'，工作中自然有无穷的乐趣。"

钱学森十分赞赏蒋英的通达，也很感激她。而后，回过身来问两个孩子："永刚、永真，你们喜欢这个新家吗？"

两个孩子对视了一番，谁也没有说话。钱学森知道孩子们的心思，他们还不懂得国家正在初建，困难很多，目前能分得一套三居室的住房已经是很不容易的事情了；他们更不懂得，这简陋的公寓，是中国人自己的，比在国外居住的任何豪华洋别墅都要珍贵。钱学森把两个孩子搂在身边说道：

"眼下我们居住的房子的确不如我们在美国住的房子好，可是，它却属于我们自己。只要我们努力建设，将来我们还可以住上自己建造的别墅。现在在住在这样的房子里，对你们来说是一件珍贵的礼物，这陋室可以磨炼你们的意志，可以打掉你们养尊处优的惰性。"

两个孩子瞪大了眼睛，第一次听到爸爸讲这些新鲜的道理。钱学森继续说道：

"我们的祖先说过，'生于忧患而死于安乐'。这句话的意思是，忧愁和患难，看上去不利，实际上，人处在这样的条件下，往往能发奋图强，而得以生存；相反，如果人沉迷于安闲和享乐，就会堕落，就会葬送自己。现在，我们只是住得简陋一些，还谈不到什么忧患，你们不要因此而不愉快。我们安定下来后，你们就要上学读书，要好好学习，跟同学们好好相处，要虚心向他们学习汉语，争取好成绩，将来为国家服务，为人民服务。"

两个孩子终于听明白了，他们懂事地点点头，去帮助妈妈收拾房间。

钱学森坐在属于自己的房间里，那种感觉好极了。他沏好了一壶家乡的龙井茶，坐在一张很大的写字台前，把金黄碧绿的茶水倒入杯中，一股清香扑鼻而来。顿时满室馥郁。他深深吸了一口气，一种少有的愉悦爬上心头。他感到生活变得如此富有魅力，周身似乎充溢着战士即将出征的激情。

1955年12月下旬，钱学森与钱伟长共同向科学院正式提交了关于创建力学研究所的构想方案。

1956年1月5日，中国科学院召开院务会议，专门审议了创建力学研究所的方案，一致认为成立力学研究所的条件已经成熟，并决定任命钱学森为力学研究所首任所长，钱伟长任副所长。

1956年1月初，钱学森创建力学研究所后的第一个周末，他睡了一个长长的懒觉。一觉醒来，感到房间格外明亮，透过玻璃看去，只见窗外一片晶莹，大片大片的雪花，正纷纷扬扬地飘下。"噢！这是北京1956年的第一场瑞雪，也是他一家人回归故里的第一场雪啊！"他轻手轻脚地披好衣服，看看熟睡的妻子，小心翼翼地下了床。

他走到窗前，看着在风中飘忽不定的雪花，默默地吟咏着"燕山雪花大如席"的诗句。他忆起自己儿时雪天的欢乐，自然想到了永刚和永真。于是，他急忙穿好衣服，来到儿女们的房间，轻声叫道：

"永刚、永真快起来，白雪公主叫门来了。"两个孩子翻身坐起，他指了指窗外说道：

"快看，多好的雪天，我们到雪地去玩儿！"

风停了，雪还在下。爷儿仨迫不及待地来到雪地里。开头，钱学森带着孩子们团雪球，打雪仗。永刚一人为一方，永真和爸爸算一方。"冲啊！""杀啊！"直打得几进几退，双方"伤痕"累累，满头冒热气，不多时已经筋疲力尽，双方只好宣布休战。

"小心冻着，快回家吧！"从凉台上传来了蒋英的声音。原来，她在阳台观战多时了。

"不，我们还要玩！"永刚冲着妈妈大声说。这时大雪渐渐停了。

"爸爸，我们堆雪人吧！"永真央求着，钱学森点点头说道："好吧。"

"我们堆一个灵隐寺里那样的大肚弥勒佛，好不好？"永刚反应极快。

"同意。"永真高兴地拍着小手。

"好。我提议，我们每人堆一个，怎么样？"爸爸征询两个孩子的意见。

"看谁堆得好，看谁堆得快。"永刚不等妹妹说话，就提出了挑战。

"好吧，那我们就比一比。"永真并不示弱。

于是，雪地里立即出现了一片繁忙景象。爷儿仨你来我往，搬运雪块、雪团。爸爸的雪人矗在中间，永刚选择在左边，永真选择右边。不一会儿，三个造型各异的弥勒佛，在雪地里一字排开，迎着楼门口堆了起来。永刚手很巧，臃臃肿肿的弥勒佛还像几分；永真似乎没有认真观看灵隐寺里弥勒佛的塑像，所以，她手下的弥勒佛比较瘦小。爸爸帮她加肥加大，把个弥勒佛的肚子，堆得鼓鼓的，逗得永真哈哈大笑。

这时蒋英也悄悄地赶来了。她看见爷儿仨在堆雪人儿，特意找来红辣椒做佛爷的鼻子，还有六枚黑纽扣，做佛爷的眼睛，果然起到了"画龙点睛"的作用，三个雪人儿立即栩栩如生了。两个孩子第一次看到北京的大雪，都兴奋异常。他们围着三个雪人儿，边转圈边唱歌谣。这时，有不少家长也带着自己的子女，纷纷来到雪地玩打雪仗、堆雪人。雪后的北京西郊科学城，顿时显得生机勃勃，热气腾腾。

对于习惯在快节奏中生活的钱学森来说，今天可以说是完全放松了。

他仿佛又回到了童年，同一双儿女打逗嬉闹着，那样开心，显得那样悠闲。

等爷儿仨气喘吁吁地回到家里，餐厅小圆桌上已经摆上了早餐，几碟可口的小菜，热气腾腾的小馒头，还有一盆煨得浓浓的莲子银耳粥。

钱学森简单地洗漱后，坐到餐桌前。他盛了一碗莲子粥，慢慢地啜了一口，缓缓咽下，一种恬适感溢满全身。方才打雪仗、堆雪人儿的劳累，顷刻间化为烟云。

吃饭时，蒋英告诉钱学森。她的工作组织上已经做了安排，就在中央实验歌剧院上班。

"具体做什么工作？"钱学森关切地问道。

"担任艺术指导。"蒋英回答道。

"有机会登台演出吗？"钱学森对此很重视，因为，这对蒋英太重要了。

"有的，不过不会太多。"蒋英平静地回答说。

"满意吗？"

蒋英微笑着点点头。

"好哇，真是一个好消息！"钱学森高兴得站起身来，端着莲子粥对两个孩子说道："来，为你们的妈妈重新登上舞台，干杯！"

当然更高兴的还是蒋英。回想她离开欧洲，告别舞台已经近十年了，今日回到了祖国，也回到了她魂牵梦萦的舞台。这是多么值得庆幸啊！从此，在这所公寓楼内，经常响起她那优美的女高音歌声。

钱学森有着广泛的兴趣和爱好。他时常是忙里偷闲，坐下来和妻子讨论艺术，讨论音乐。他们二人还写过一些有关发展祖国音乐事业的文章。钱学森广泛的爱好，尤其是对艺术的爱好，不仅使他的业余生活得到充实，也丰富了他的内心世界。他遇险不惊的本领，他在国防科研战线上的旺盛精力，莫不得益于斯！

被誉为中国导弹、航天之父

⟶ 陈赓大将"一锤定音"

★★★★★

陈赓说："钱先生，你看我们中国人能不能自己造出导弹来？"

钱学森回答说："有什么不能的？外国人能造出来的，我们中国人一定能造得出来。"

钱学森的这番回答，竟然锁定了他的终生。从此，他把自己的命运同中国的导弹、航天事业连在了一起。

就在钱学森创建力学研究所的前夕，还有一个饶有风趣的故事，故事的开头，还得从钱学森的东北之行谈起。

钱学森是于1955年冬天到哈尔滨参观访问的。当他来到哈尔滨军事工程学院时，一件意想不到的事情发生了——出来迎接钱学森一行的，竟然是该学院的院长陈赓大将。陈赓大将是当日清晨乘专机从北京飞来，亲自接待钱学森的参观访问的。

陈赓大将当年是中央军委分管作战的副总参谋长，军务相当繁忙。但是，为了亲自接待钱学森，还是风尘仆仆地专程从北京赶到哈尔滨。

被誉为"名将之鹰"的陈赓，是中国人民解放军最著名的将领之一。在抗美援朝、越南抗法战争中，他屡建奇功。他有着传奇般的经历，在部队、在民间广为传颂。陈赓大将更以其求贤若渴、惜才如命的儒将风范而为人们所称道。

1952 年 7 月，陈赓将军抗美援朝得胜归来以后，马不停蹄，受命创办军事工程学院。历时一年，便以惊人的速度，在哈尔滨的冻土地带建立起这座全新的高等军事学府，于 1953 年 9 月 1 日正式开学。

像陈赓这样一个爱惜人才的将军，怎能不知道钱学森的重要。所以，当他接到哈尔滨军事工程学院的请示电话后，果断地回答道：

"我们学院的大门要向钱学森敞开，对他没有什么保密的，而且我要亲自接待他。"

这一天，陈赓大将亲自主持了欢迎仪式，并一直陪同钱学森一行参观。他们仔细地参观了这里的空军工程系、海军工程系和炮兵工程系等。

当年，这所学校聘请了 20 多位苏联专家，学校的教学和科研具有一定的水平。风洞、水槽，建设得很是现代化，各实验室非常重视教学演示的设备，而且用军事化的手段管理学校，到处井井有条，一尘不染。

在一个综合陈列馆里，陈列了许多在朝鲜战场上我军缴获的美军轰炸机、坦克，还有带有电子自动搜寻目标的炮弹等。

陈赓大将指着这些展品，对陪同参观的副院长开玩笑说："这些都是美国人的破烂儿，对于钱先生来说还要保什么密？"说完，陈赓和钱学森一同哈哈大笑起来。

在室外一个小型火箭试验台前面，钱学森停住了脚步。这是一个非常简陋的最原始的固体燃料火箭的实验装置。

钱学森很有兴趣地与一位教师攀谈起来。从简单的对话中，可以知道，钱学森对这个装置的不合理部分提出了意见，而那位教师却轻声说，这是苏联专家的意见，不能改动。

对此，钱学森摇摇头，表示了不以为然。机敏的陈赓大将看出了其中的文章。于是他向钱学森提出了一个重大课题："钱先生，你看我们中国人能不能自己搞出导弹来？"

"有什么不能的？外国人能造出来的，我们中国人一定能造得出来！"钱学森毫不迟疑地回答道。

"哈哈！我就要你这句话！"陈赓大将紧紧握住了钱学森的手，开怀地大笑起来。

这是决定钱学森后半生命运的笑声，这是决定中国火箭、导弹乃至卫星航天事业命运的笑声。新中国的导弹、航天事业，就在陈赓大将爽朗的笑声中发轫了。

中国有句俗话，叫做"一锤定音"。今天，钱学森的一句话，竟然裁定了他的终生。把他的命运同中国的导弹、航天事业连结为一体。这大概是他始料不及的。

这绝对不是一种偶然性的巧合。经历过抗美援朝战争的陈赓大将，对现代战争有了更深刻的认识和理解。在当今的战场上，武器的重要性更加突出地显示出来。我志愿军将士的勇猛果敢、不怕牺牲的精神，自然是敌方无法比拟的。但是，现代化的火箭炮等诸多远距离的新式武器的威力，也是显而易见的。回国后，他作为分管作战的副总参谋长，一直在思考用我国自制的导弹装备部队的问题。钱学森是这方面的专家，在参观中多次流露了不靠洋人靠自己的思想，这使陈赓非常赏识。于是，他抓住时机提出了这样的问题，以投石问路。谁知，竟然一拍即合。

就钱学森来说，以自己的专长报效国家，这原本就是他多年的宿愿。这次在参观中，他对于一些人唯洋专家之马首是瞻的情绪，颇为不快。加上陈赓大将提出研制导弹的课题，正是自己的专长，他似乎未作更多的思考，便欣然作答。可谓"心有灵犀一点通"了。

陈赓发现，他与钱学森的谈话很默契，也很投缘，大有相见恨晚之感。特别是他们对人都是那么坦诚，对祖国的事业又都是如此热忱，这使陈赓十分高兴，他庆幸自己不虚此行。

这天夜间，钱学森久久不能入睡。白天，他与陈赓大将的谈话，还一直萦绕在他的脑海，他回答陈赓大将的那句话，虽说是脱口而出，但细想起来，已经在心里憋了二三十年了，今日终于一吐为快。然而，就是从这次谈话开始，他选择了火箭、导弹、航天事业。这也就意味着选择了一条非常艰难和充满牺牲的道路。可是，为了祖国的强盛，为了新中国的火箭、导弹乃至航天事业的起步、发展和腾飞，他对自己的选择终生无悔。

1956 年元旦前夕，钱学森携夫人蒋英驱车来到幽静的景山公园西侧。

他们夫妇是应共和国军委副主席叶剑英元帅之邀前来赴宴的。作陪的人中，有他熟悉的老朋友陈赓大将。

宴席上，火箭和导弹成了主客的第一话题。叶帅十分健谈，而且有着渊博的知识。陈赓则是个热心人，又同钱学森十分默契，因此谈话的气氛热烈而融洽。在发展火箭、导弹技术问题上，他们似乎不谋而合。两位主人对于很快拥有火箭、导弹军事尖端技术的心情非常迫切。

他们向钱学森提出了殷切期望，希望钱学森主持这项事业。

发展祖国的尖端科学技术，这正是钱学森梦寐以求的夙愿。钱学森十分感谢将帅们对自己的信任。但是他心中非常清楚，要在中国这样一块贫瘠的土地上建立起如此尖端的技术大厦，有着艰难的路程。尽管如此，为了祖国的繁荣昌盛，为了民族的幸福和安宁，为了使中华民族屹立于世界民族之林，他，只有迎难而上。

就这样，三个人达成默契。叶帅看了看手表，说道："今天军委办公厅有舞会，我们有可能在那里找到总理。"

于是，三个人步行向三座门走去。

他们果然在舞厅里见到了周恩来总理。

一场舞下来，叶帅和陈赓顾不得向别人打招呼，趋步向周总理走去。周总理把双臂相交在胸前，认真听取叶帅和陈赓的叙说，不时点点头，显得非常兴奋。

"好啊！"周总理听完他们的简短汇报，很爽快地说道，"我很赞同你们的想法。我可以当面和钱先生谈一谈。"

说话间，周总理朝站在不远处的钱学森走来，亲切地说道："你就是钱学森先生吧？我是周恩来，欢迎你啊！你在美国的事，我早有所闻，怎么样？回国后还适应吗？"

这时，钱学森只是紧紧地握着周总理的手，千言万语不知从何说起。这些年在国外的磨难与奋斗，对祖国、对亲人千丝万缕的恋情，回国后受到的热情款待，在南方和东北各地参观访问的诸多感受，特别是对发展祖国的火箭事业的宏伟设想，一起涌上心头。

周总理和蔼地微笑着，拉着钱学森的手，走近一张长沙发，说道："来，坐下来慢慢谈。发展我们的火箭、导弹事业，是你的愿望，也是富国强民之所需嘛！"

当钱学森谈了自己的设想以后，周总理说："你的设想很切实，因为这是一项尖端技术，是一项极其艰巨而复杂的工程啊！回去你可以写一个书面设想嘛！这个设想可以包括组织机构的设置、人员的构成以及时间规划等等，以便提交中央讨论。"

"好啊，这样最好。"钱学森抑制不住激动的心情，高兴地回答说。

回来的路上，钱学森叙说着他见到周总理的心情。他说："我感到很奇怪，我是个见过世面，头脑也还算清楚的人。不知怎么了，见了周总理竟然一时说不上话来。他真是一个伟人。站在他的面前，我们都显得渺小了许多。"

钱学森按照周总理的嘱托，怀着激动的心情，很快就写出了《建立我国国防航空工业意见书》（当时为保密起见，用"航空工业"来代表火箭、导弹和航天技术）。

1956 年 2 月 7 日，这份"意见书"放在了周总理的写字台上。这是我国最早的一份发展火箭、导弹技术的实施方案。

钱学森在这份"意见书"中开列了 21 位参加这一尖端技术研制工作的高级专家的名单，其中包括任新民、罗沛霖、梁守槃、胡海昌、庄逢甘、罗时钧、林国骥等。

钱学森的"意见书"，受到党中央的高度重视。

1956 年 3 月 4 日，北京中南海西花厅。

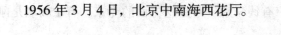

周总理以中共中央军委副主席的身份，正在主持军委常委会议。钱学森应邀列席会议。

就在这次会议上，中央军委作出了一个重要决定：由周恩来、聂荣臻和钱学森负责筹备组建导弹航空科学的领导机构，代号为"航空工业委员会"。

从此，中国的火箭、导弹事业步入了正式实施阶段。

会议开到中午，周总理特意留钱学森共进午餐。

餐桌上的菜肴甚是简单，但主人的盛情却十分真挚、热烈。

一碗蒸鸡蛋羹端上来了。因为总理喜欢吃，所以服务员总是把这道菜放在总理面前。

"来，请吃蛋羹！"周总理亲切地用筷子点了点盛蛋羹的碗，招呼钱学森共同吃。他见钱学森不肯动手，便亲自舀了一羹匙放进钱学森的碗里。

这本是一勺普普通通的蛋羹，是中国老百姓餐桌上的家常菜。但是，由周总理亲自布菜，钱学森心里异常激动。热气腾腾的蛋羹，温暖着这位海外归来的赤子的心田。钱学森噙着泪水吃完了这顿难忘的午饭。

1956 年 10 月 8 日，以钱学森为首任院长的国防部第五研究院——中国第一个火箭、导弹研究机构成立了。院址设在北京西郊紫竹院一个僻静的院落里。

当年的紫竹院还是一个野兔出没、坟冢遍布的荒凉地带。华北军区疗养院的几座旧房子坐落其中，临时作为火箭、导弹研究院的院址。

作为一个火箭、导弹研究院，在从事研究工作的人员中，只有钱学森一人是这方面的专家。有 156 名是刚刚跨出校门的大学生。他们所学专业五花八门，有学化学的，有学机械的，有学纺织的，还有学文史的，恰恰没有一人学过导弹理论。因为当年我们的大专院校没有这个学科。

于是，一个导弹技术"扫盲班"开课了。院长兼职主讲教师就是钱学森。他们就是从这个起点开始攀登火箭、导弹科技高峰的。

钱学森每当手执教鞭为学生讲课时，面对中国自己未来的火箭、导弹专家们，他心中有感慨，也有自豪。下面是他的一段开场白：

同学们，我们大家所将要从事的火箭、导弹事业，这是一项宏伟的具有远大前途的事业，是国家和民族安危所系的事业。因此，我们共同投身这一事业是很光荣的。我们既然下决心来干这项事业，就要求大家终生为此献身。由于工作性质的关系，干我们这一行是出不了名的。所以大家要甘当无名英雄。

接下来由钱学森主讲《导弹概论》。

钱学森从事教育工作也很投入。他不仅把渊博的知识传授给学生，而且善于做学生的思想工作，善于用先人的哲理思想启发学生。

就在 1960 年这一年，钱学森突然"消失"了。钱学森的"消失"，引起了种种猜测——

西方一家通讯社断言：钱学森的消失，意味着中国将有重大事情发生。

果然不错。此刻，钱学森正在中国大西北一处人迹罕至的大漠荒原，夜以继日地忙于导弹试验的准备工作。

1958 年 10 月，西北综合导弹试验基地成立。

1960 年 9 月，试验基地初具规模。可以进行地对地、地对空、空对空导弹试验。

这期间，钱学森的行踪不要说对新闻界，对朋友、对家人，包括对他最亲爱的妻子蒋英也一律绝对保密。他和他的助手们在祖国的大漠荒原，风餐露宿、夜以继日地工作。一去就是几个月，从没有书信回家。有时，他神不知鬼不觉地回家来，蒋英问他到哪儿去了，他只是淡淡一笑，说，没关系，不用担心。就算支应过去了。有一次钱学森又"出差"了。蒋英问他去哪儿，不说。去多久，不说。一去又是几个月，杳无音信。蒋英坐立不安。她再也无法忍受这种亲人死活不明的痛苦折磨，终于用火一样的恋情炸开了理智的闸门，她找到一位国家领导人，像一个天真的孩子赌气似的质问道：

"钱学森到哪儿去了？三个月连一封信都没有。他不要我了，不要孩子了，也不要这个家了。那我就放一把火，把这个家给烧了。"说完呜呜地哭了。

蒋英"索夫"的故事，当年在国家领导人中传为佳话。

钱学森到哪儿去了？当时的确是无法告诉蒋英的军事机密。

此刻，钱学森刚刚走下火箭发动机的试验台，又跳上一辆老式吉普车，沿着一条长长的土路，沿着弱水河，向大漠进发。有人说，弱水河是魔鬼居住的地方。烈日下，红褐色的山丘，闪烁着奇异的光彩，显示它的神秘，使人想到《西游记》中的一些故事，给人带来历史的遐想。

这里天很高，太阳很低。夏日，火辣辣的阳光，照在戈壁滩上，炎热灼人。在这苍茫的戈壁滩上，不乏历史见证。有古代楼宇的残垣，也有中世纪城堡的遗址。这些残垣遗址，将与现代化的航天城堡相对而立，共同俯瞰人类前进的脚步，共同面对戈壁滩的狂暴风沙。

钱学森到哪里去了呢？此刻，他工作在一个祖国地图上没有任何标志的地方。此刻，正向着"东风一号"导弹发射场地进发……

1960年10月中旬，经过钱学森等一批航天人七百多个日日夜夜的奋斗，我国第一枚仿制型的"东风一号"弹道导弹研制成功了。

1960年11月5日。大漠荒原的弱水河畔，新建成的我国第一个火箭飞行场上，一枚液体燃料推进的地对地导弹，像一把利剑矗立在发射架上，直刺蓝天。

"东风一号"试飞就要开始了。

钱学森凝视着导弹发射架上"东风一号"的雄姿，极目纵观大漠之辽阔，一种亢奋撞击心扉——

16年前，在美国的帕萨迪那，他也曾面对一座火箭地面试验台。那时，他除了紧张，怎么也亢奋不起来。因为，他总觉得自己的血汗应该抛洒在祖国的土地上。当然，他也很明白，在美国的试验，仅仅是一种学习，终究会有一天，要将学到的知识报效祖国。这一天终于到来了，他的血汗终于抛洒在生育自己的土地上了，他的心情怎能不激动呢？

他还想到，前面这片大漠，历史上并不平静。这里曾经有过一代天骄成吉思汗战马的嘶鸣，有过西方骑士和东方游侠留下的足迹，战争几乎是伴随着人类前进的怪物，不想要它，又离不开它。中国人民是热爱和平的，中国的建设发展也需要和平，但是，某些超级大国并不愿意让中国人民过太平日子。为了防御帝国主义的冒险，为了有效地抵御非正义战争，中国人民一定要拥有现代化的国防，要用尖端武器装备我们的军队。正因为如此，今天的试飞，包含着多么深远的意义啊！

想到这里，他在兴奋之中，难免有些担心和不安。要知道他是祖国第一枚导弹试飞技术的最高负责人，而今日又是第一次试飞啊！

上午 8 时整，现场指挥员下达了"一小时准备"的命令。

警报拉响了，各种加注车辆纷纷撤离发射现场。各个岗位上的负责人，都在向指挥中心报告着"准备完毕"的信息。接着发射现场出现了少有的寂静。

9 时 1 分 28 秒，现场指挥员庄严地下达了命令："一分钟准备！"

当倒计时器上闪现"0"的字样时，只听现场指挥员果断地喊道："点火！"

点火操作员脸上洋溢着沉着和自信，当听到"点火"命令的一刹那，将手对准"点火"的按钮，用力地按了下去。这时，茫茫戈壁滩上顿时爆发出一声春雷，大地颤抖，火光冲天，"东风一号"挟着狂风雷电，拔地而起，扶摇直上。

导弹越飞越快，飞到了一定高度以后，只见它向西一偏，在戈壁蓝天上划出了一道漂亮的白色弧线。华夏文明史上第一枚导弹呼啸着向 550 千米以外的目标飞去。

导弹在人们的视野里消失了。钱学森从发射指挥控制室的座位上缓缓站起来，脸色依然那样严肃。

9 时 10 分 5 秒，溅落区传来报告："东风一号"精确命中目标。

钱学森所盼望听到的消息终于听到了，他大声宣告：

"我们成功了！"

顿时，整个试验场响起了震耳的欢呼声。人们向高空抛起了帽子，抛起了毛巾，抛起了衣服；人们敲响了锣鼓，敲响了脸盆，敲响了搪瓷茶缸，敲响了一切可以敲响的东西。

钱学森眼含着热泪拥抱着每一个朝他走来的人……

这个在国外经历过许多成功的科学巨擘，从来没有如此激动过。此刻，他泪水纵横，说不出一句话来。这是成功的泪水，喜悦的泪水，如愿以偿的泪水啊！

"东风一号"导弹全程飞行 550 多公里，历时 7 分37 秒。它完成了历史性的使命，它标志着中国火箭、导弹、航天事业实现了零的突破，为华夏文明谱写了新的篇章。

"东风一号"发射成功的军事意义是显而易见的，但是，它的政治意义却远远超出了它的军事意义。它使得大洋彼岸的超级大国大吃一惊。它对于在天灾人祸之下苦度艰难岁月的中国人来说，是极大的激励和鼓舞。它振奋了民族的自尊心和自信心。它给予人们的是发奋图强、战胜困难的巨大勇气和力量。

新华社 1960 年 11 月 5 日发出电讯：

我国第一枚"东风一号"地对地导弹，在我国西北地区发射成功，精确命中目标……

蒋英看着这条重要消息在出神。她像是从中悟到了什么，脸上绽出了笑容："莫非是那个失踪的人干的？难道他就在我国的西北地区……"

"当！当！当！"一阵急促的敲门声。

"是他？胜利返回……"

蒋英一溜小跑打开了房门。一切都被她猜中了。果然是她朝思暮盼的丈夫回来了。

　　脸也瘦了，胡子也长了。一件军大衣上还留有戈壁的风尘。他每次进家，军大衣口袋里总是装得鼓鼓囊囊的。钱学森的军大衣与其他军大衣没有什么不同，在蒋英的心目中，丈夫的军大衣显示着独特的魅力。它朴素、威武，阳刚之中，潜藏着深刻的内涵和无穷的力量。

　　"你不用告诉我什么，我知道你从哪里来。"

　　"我从哪里来？"钱学森故作惊讶地问道。

　　"你从大西北来。在那里有一位美女纠缠着你。最近，人家远走高飞了，你才回来，对不对？"蒋英那认真劲儿，使钱学森一时摸不着头脑。

　　"你不用隐瞒，那美女的名字我都知道。"蒋英不慌不忙，似乎她全知全觉。

　　"你说她叫什么？"钱学森有些着急了。

　　"'东风一号'，对不对？"蒋英终于把谜底亮了出来。

　　"好你个蒋英！"钱学森将妻子紧紧抱在怀里，久久地亲吻着、拥抱着。

　　蒋英连忙为钱学森泡了一杯龙井茶，问他饿不饿，钱学森摆摆手，指着茶杯说，现在最需要的就是它。她坐到他的身边，细声地说：

　　"你好狠心啊！一去就是几个月，连一封信、一个口信都不肯来。我以为你失踪了，急得我实在忍不住了，便到……"蒋英心直口快，把她找国家领导人"索夫"的事讲给丈夫听，直把钱学森逗得哈哈大笑。

→ 亚洲上空的巨雷

★★★★★

战略导弹的发射成功，犹如亚洲上空的一声巨雷，震撼了全世界。外电称：红色中国的军事科学取得了伟大胜利，是钱学森带动了这一伟大胜利。

这一胜利，挺起了民族的脊梁；

这一胜利，摧毁了霸主封锁中国的铁圈；

这一胜利，托起了炎黄子孙千百年来富国强民的梦想！

1965 年 2 月，国务院任命钱学森为第七机械工业部副部长。上任伊始，一个新课题摆在了他的面前，这就是"两弹结合"，即研制导弹和原子弹相结合的战略导弹。

我国的第一颗原子弹在 1964 年 10 月 6 日爆炸成功了。这次爆炸试验是在高架上进行的。这就向科学家们提出了一个课题，如何将小型化的原子弹送到远距离的目标，也就是说必须解决把核弹头和火箭、导弹结合起来，从而结合成战略导弹。

火箭，作为一种运载工具，可以用来进行科学试验，可以运载人造卫星上天，又可以成为远距离的杀伤武器。作为杀伤武器，威力大小完全在于头部运载的是什么样的爆炸物。只有当它成为核弹头的运载工具时，它才真正可以称之为战略武器。

美国早在 1951 年便开始了这方面的试验。他们于 1958 年 12 月，将战略导弹与氢弹首次配套组成的导弹核武器——雷神中程导弹，开始装备美国军队。从此，导弹核武器成为美国推行全球战略的重要支柱。当时的苏联，也是依靠这种战略武器与美国相抗衡。

1964 年 12 月 24 日，由钱学森领导的"两弹结合"论证小组正式提出了总体方案。对于钱学森办事效率之高，聂帅早有体会，但是，这一次"两弹结合"论证方案提交之快，还是使聂帅大吃一惊。

研制"东风二号"战略导弹，解决"两弹结合"的试制工作由三大部分组成：第一，对导弹进行适应性改进；第二，对原子弹弹头进行适应性改进；第三，解决"两弹结合"的全面配套与协调。

这期间，周恩来总理率中国代表团访问罗马尼亚和阿尔巴尼亚之后，在返京途中，专程来到茫茫戈壁滩的酒泉发射基地，赶来观看了"东风二号"导弹的"搭载"发射试验。

这一天，天气很热，烈日炙烤着茫茫沙海。周总理不顾长时期出访的旅途辛苦，头顶烈日，走遍了酒泉发射基地的每一个试验场区。

在钱学森的心目中，周总理是最富有真知灼见的伟人。在这大漠荒原迎接周总理的到来，他心中有说不出的感激和振奋。周总理热情地关怀着从事航天事业的每一个工作人员，在钱学森的陪同下，每到一处，总理问寒问暖，与科技人员亲切交谈，不时发出爽朗的笑声。周总理看完发射场地的设施后称赞说：

"几乎无法想象，在这沙土飞扬的戈壁荒滩，能够建起这么一座具有世界水平的现代化城堡，这是你们航天人的成绩嘛！"

周总理还深情地说道："我走进这广袤的沙漠荒原，和大家一样，有一种自豪感。我觉得，此时我也成了这荒原的主人。"

周总理亲切感人的话语，赢得了经久不息的掌声。

钱学森和航天城里的所有科技人员一样，从周总理的谈话中受到极大激励和鼓舞。人们在周总理的激励下，都有一种自豪感，都有一种主人翁的责任感。正是在这种神圣情感的驱动下，钱学森暗暗发誓，要尽自己的所能，为这广袤的大漠荒原，为祖国的航天事业，抹上一笔绚丽的色彩。

钱学森带领众多优秀的年轻航天人，在大漠荒原的舞台上，上演着一幕又一幕 20 世纪中国军事科学的神话剧。他们研制的地对空导弹，一次又一次地击落了进犯我国领空的敌机。他在研制"两弹结合"的同时，还潜心研究在未来反侵略战争中占有重要地位的控制与制导技术。在他的积极指导下，我国的控制与制导技术很快就赶上了世界先进水平。如今，我国超低空、低空、中空、中高空，已经筑起了一座座坚固的无形的长城。用现代化军事技术装备起来的人民军队，牢固地守卫着祖国的领空、领海和广袤的领土。

周总理不顾旅途劳顿，在发射基地听取了"两弹结合"发射准备工作的汇报。

"两弹结合"的关键，是制造一枚适合于导弹运载的小型裂变弹，这需要过三关：第一，要搞弹头小型化，减轻其重量；第二，要提高火箭的推力，增强其实用性；第三，要满足核弹头的载入环境。

为了过好这三关，钱学森开了几次"诸葛亮"会议，绞尽脑汁，设想了各种可能发生的问题与应对方案。

　　但是，周总理听了他们的汇报以后，还是不放心，提出了一连串的"怎么办"。

　　"核弹头一旦掉下来怎么办？"

　　"核弹头掉在某个国家边界怎么办？"

　　"核弹头一旦掉下来着了火怎么办？"

　　这一连串的"怎么办"，体现了周总理一贯严谨的工作作风，也体现了周总理关心人民、爱护人民的公仆心肠。的确，"两弹结合"的试验，人命关天，且涉及兄弟邻邦的友好关系。周总理提出这么多"怎么办"，是在情理之中。

　　钱学森按照周总理的嘱托，总是那样细致周到，力求万无一失。钱学森以严格的科学试验得出的结论和周密的防范措施，给了周总理以满意的回答。

　　在国防科技战线上工作的人都知道，我国的火箭、导弹的起步阶段，乃至卫星发射，从来没有发生过人员伤亡的大事故，得益于两个方面的代表人物：一个是国务繁忙、德高望重、机敏过人的政府首脑周恩来；另一个是才高八斗、知识渊博、赤诚爱国的科学家钱学森。尽管他们的地位不同、职务不同、工作性质不同，但是他们都有一颗为国为民"鞠躬尽瘁，死而后已"的赤胆忠心，他们都有着科学的态度和严谨细致的优良作风。因此，他们能够从不同的角度，以不同的方式，把共同的目标，熔铸到具体的事业中去。

　　周总理细致地询问了许多具体问题以后，提出了永

载史册的"十六字诀",这就是:

严肃认真,周到细致,稳妥可靠,万无一失。

1966 年 10 月下旬,"两弹结合"的首次热试验即将进行。

戈壁滩的 10 月,已是深秋季节。阴霾数日,气温骤降。每到夜晚,狂风大作,飞沙走石,怪声四起,令人毛骨悚然。钱学森睡不着,轻手轻脚地起来,到发射场地巡视了一遍又一遍,生怕发生什么意外。白天,他反复仔细查看各项准备工作和仪器设备的情况。"两弹结合"试验,要在剧烈的原子分裂和强大的质子轰击下进行,其危险性可想而知。他心中牢记周总理"周到细致,万无一失"的嘱托,一颗心总是悬在嗓子眼儿里。

有一个年轻人发牢骚说："这个老天实在不长眼，不看看现在是什么时候，阴起天来没完没了！"

钱学森笑了笑，对那个年轻人说："看来，老天也并不像有的圣贤说的那样不犯错误，不过，我们还得谅解他。"

一句话，逗得年轻人笑了，这里的气氛也随之活跃了。

在阴霾密布的日子里，钱学森走到哪里，就将欢乐情绪和耐心细致的工作作风带到哪里。他既帮助参试人员解决思想问题，也帮助他们解决技术问题。1966年10月27日，天空阴转多云，这对发射基地的参试人员来说，是一个令人高兴的信号。

虽然是多云天气，且有大风，但是能见度较高。于是，钱学森与试验指挥部的负责人商议，决定抓住这个战机，进行试验。

拂晓，发射连的车队最先出发了，紧随其后的是产品结合车、调温车和其他装备车，最后则是试验队科技人员乘坐的大轿车和聂帅、钱学森乘坐的小轿车。

当车队驶入发射场地时，戈壁滩上的狂风突然加剧，狂风漫卷黄沙，将本来就躲在云团背后的太阳，遮挡得更加暗淡，能见度只有50米。

钱学森跳下轿车，忧心忡忡地面对着肆虐的风沙，他以挑战者的神态迎风站立在戈壁滩上，向着太阳望去，似乎看到远处飘来一个五颜六色的彩球。有人大声喊道："钱老赶快回到车里！"他还没有反应过来，头上的军帽已被大风刮走了，刹时卷到高空。司机忙跑过去，把他拖到车里。

坐在车里的聂帅关切地问道："天气这样坏，试验还能进行吗？"

"假如大风继续刮下去，试验只能推迟了。"钱学森不情愿地回答说。

一个多小时过去了，风速终于降到每秒20米。

于是，下令开始吊装工作。

在八级大风中吊装核弹头，这是何等的危险！但是，人们早已将生死置之度外，一心想的是尽快完成试验任务。人们争先恐后地去做最危险的工作。

风速在继续下降，能见度也越来越高。

终于，结合车与起竖架紧密配合，顺利地完成了"东风二号"导弹与核弹头的对接。

发射转入正常程序：起竖，测试，加注，瞄准……

"30分钟准备！"指挥部发出的命令。

操作人员按照命令迅速撤出发射阵地。

这时，钱学森随聂帅进入地下指挥控制室内。

"东风二号"载着核弹头，傲然矗立在发射架上。

此刻，漫漫的风沙渐渐隐退了。随着加注燃料的车辆和人员最后撤离场地，整个发射场一下子变得寂静异常。发射架下悬挂着那块巨幅木牌上，周总理提出的"严肃认真，周到细致，稳妥可靠，万无一失"16个红色大字，在微弱的阳光下，熠熠生辉。

钱学森与聂帅端坐在地下指挥控制室缄默着。发射基地死一般寂静。

两弹发射前的这一时光，紧张而沉寂，让人喘不过气来。钱学森见到现场指挥员做了一个有力的手势和发出口令后，操作员那双操作计算机的手微微抖动了。荧光屏上开始跳动着倒计时的阿拉伯数字：

"10、9、8、7、6、5……"

按规定，钱学森和聂帅都应当穿上防护服，以防发生意外。可是，钱学森却对聂帅说："不穿了，没问题。"

钱学森与聂帅的镇定自若，带给参试人员的是极大

被誉为中国导弹、航天之父

的鼓励和镇定。

"4、3、2、1，发射！"

只听一声轰鸣，地下指挥室也为之颤动了。

聂帅和钱学森按捺不住急切的心情，竟然一起跑出了地下掩蔽部，到地面看个清楚。

他们亲眼目睹了"东风二号"载着核弹头腾空而起的壮观景象。只见它越飞越快，不一会儿，就消失在云层中了。

钱学森和聂荣臻几乎同时看了看表，此时是1966年10月27日上午11时。

"东风二号"载着核弹头，按照预定弹道朝着罗布泊落区，呼啸着飞去。

很快，千里之外的核弹头试验场传来喜讯，核弹头精确命中目标，准时实现核爆炸。

罗布泊的大漠中，再一次升起一朵绚丽的蘑菇云。

"两弹结合"热试验成功了！

聂帅拉起钱学森的手，与欢呼的人流一起涌向山坡高地，大家纵情歌唱、跳跃、欢呼，用各种方式表达自己对成功的祝贺。照相机的镁光灯不停地闪烁，人们纷纷赶来与老师、与他们共同奋斗的科学家合影留念。

1966年10月28日，全国各大报纸都在头版头条位置，用通栏标题发表了新华社的《新闻公报》：

1966年10月27日，中国的本国国土上，成功地进行了导弹核武器的试验。导弹飞行正常，核弹头在预定的距离，精确地命中目标，实现核爆炸。

这次试验成功，标志着我国的国防科学技术，正以更快的速度向前发展。这是中国人民在为进一步加强国防力量、保卫祖国安全和世界和平方面取得的又一个新的重大成就。

然而，我国导弹核武器试验成功的消息，在美国国会、美国政府和五角大楼引起了更加强烈的震动。下面是西方通讯社从华盛顿发出的消息：

中国宣布的消息，"使美国官员们大吃一惊"，"使华盛顿白宫官员目瞪口呆"。美国副总统汉弗莱28日匆匆同美国政府高级官员举行会议，讨论中国发射导弹核武器试验成功的问题。美国官员本来认为，"中国能否在十年内制造出装有核弹头的导弹，是值得怀疑的"。他们的理由是，"要把这样一套武器发射出去，是要有一套相当复杂的机械和物理技术的"。共和党参议员希肯卢珀说，我还不知道有任何别的国家能够在第一次试验中，就成功地发射一枚核导弹。中国已经是一个核国家，这是西方必须承认的现实。

一家外国报纸惊呼：

中国这种闪电般的进步，好像亚洲上空的一声巨雷，震撼了全世界！

不错，"两弹结合"的试验成功，确立了我国是拥有战略核武器的军事大国、军事强国的地位，从而震撼了世界。

从第一颗原子弹爆炸，到第一颗导弹核武器试验成功，美国用了13年，我国仅用了两年多的时间。这一切是与钱学森的名字紧紧联系在一起的。共和国不会忘记，人民不会忘记，钱学森这位崇高的爱国主义者，这位为了祖国的国防事业，不图虚名，不贪享乐，终生为崇高的理想而献身的科学勇士。

刚从发射基地风尘仆仆回到北京的钱学森，还未来得及与家人、与妻子蒋英一起分享这成功的喜悦，便接到了周恩来总理的邀请。

一向善于控制感情的周恩来总理，此时，也抑制不住内心的巨大喜悦。他特意把钱学森邀请到他的办公室，兴奋地说道：

"全国都在庆祝胜利，我们也在这里庆祝一下吧！"

尽管庆祝的方式非常简单，仅仅一碟冻鱼，一杯水酒而已。但是由于他的简朴、真挚，而愈显得不平凡。一位日理万机的总理，一位拼死搏击的科学家，两颗滚烫的心融为一体，他们都为共和国的强大，为了祖国火箭导弹事业，付出了巨大的心血，度过了无数的不眠之夜。今天终于获得了丰硕的果实，得到了成功的回报。他们怎能不欢喜，怎能不庆贺呢！

一位海外的专栏作家作了如下的评述：

1960 年到 1977 年，是中国大陆发展飞弹的黄金年代，曾靠着众多人口和传统兵力作战的中国军队，短短20 年内，居然有了最先进的可以携带核弹头的洲际导弹。对于这样的转变，凡是介入钱学森事件的美国官员，都知道这是钱学森所带动的。

是的，可以毫不夸张地说，是钱学森带动了中国的火箭、导弹事业，是他取得了一箭双弹的圆满成功，是他用双手托起了亚洲上空的一声巨响！

这一声巨响，挺起了民族自强的脊梁；

这一声巨响，摧毁了霸主封锁新中国的铁链；

这一声巨响，托起了炎黄子孙千百年来富国强民的梦想！

中国航天之父

★★★★★

钱学森回归祖国以来，连续取得了导弹、战略导弹和卫星发射等一系列国防高科技的成功。他被誉为中国"导弹之父""航天之父"，他理所当然地受到国家和人民的尊重。

遨游太空，是人类几千年的梦想。

在中国，这种"飞天"梦似乎特别多。诸如"嫦娥奔月"、"夸父追日"、"牛郎织女"以及"孙悟空大闹天宫"……许许多多神话故事都把宇宙星际之行，描写得美丽动人，令人向往。而且，第一个企图飞天的人，也正是明代的中国人万虎。

可惜，中国人的这种飞天梦一直到 20 世纪 50 年代，还不曾实现，而是让苏联人拔了头筹。这对中国人来说，不能不是一个刺激。

然而，在这方面震动最大的，莫过于一向怀有飞天梦想的钱学森。

　　1965年初，钱学森兼任中国空间技术研究院的首任院长。他在分析了我国研制人造地球卫星的有利形势以后，于1965年1月8日向中央军委写出了一份关于研制人造地球卫星计划的建议。

　　第一颗人造地球卫星运载火箭命名为"长征一号"。

　　"长征一号"火箭的研制，是一个全新的课题。因为要把人造卫星送入预定的空间轨道，需要克服地球引力，达到相应的宇宙速度的强大推动力的火箭。在此之前，钱学森领导的那个导弹研究院研制成功的各种火箭，都属于单级火箭。这些单级火箭虽然具有能够飞出稠密大气层的能力，但是却达不到宇宙速度，因此，不可能成为人造地球卫星的运载工具。"长征一号"火箭必须是多级火箭，需要在技术、材料许多方面进行改进。

　　在"长征一号"的研制和总装中，年近花甲之年的钱学森，亲临一线，和年轻人同吃同住，一同解决关键技术问题。他那废寝忘食、连续奋战的工作态度；他那一丝不苟、严肃认真的工作作风，对年轻的科学家是一种激励和鼓舞。他常说："搞科学就要有科学的态度。特别是我们这些搞火箭的，一丝一毫也马虎不得。想想看，电视机、收音机质量不好，可以返修。火箭则不然，火箭上天，是成果；火箭一旦上不去，就是灾难。"

　　年轻的科学家们说："只要钱老同我们在一起，大家心里就踏实。"

　　年轻的科学家们在钱学森的指导下，昼夜奋战，以最快的速度，完成了"长征一号"运载火箭的总体设计。接着，又以最快的速度，完成了卫星的总装。

　　1966年6月下旬的一天。七机部第一研究院火箭发动机研究所的试验大厅。"长征一号"火箭滑行仿真试验正在紧张进行。

　　"长征一号"运载火箭，在第二级火箭燃烧剂燃烧完之后，到第三级火箭点燃之前，在二百多秒的滑动飞行段内，需要进行姿态控制，消除滑行的干扰，以便为第三级火箭发动机点火建立必需的姿态条件。为解决滑行段喷管控制问题，必须进行滑行段晃动仿真试验。可是，在试验中出现了异常现象：滑行段的晃动幅值有几十米之大，这势必影响第三级火箭点火进入预定轨道。

在试验现场，专家们陷入了沉思，苦于找不到克服晃动的办法。

钱学森赶来了。当他详细观察了试验过程以后，随即组织参加试验的专家们分析、讨论。他认真听取了大家的发言，然后从容镇定地说道：

"不要紧的。这种现象是在近乎失重状态下产生的，因此，原晃动模型已不成立。要知道，这时候的流体已呈粉末状态，晃动力很小，不会影响飞行。"

一番精辟的分析，使在场的专家们茅塞顿开，大伙儿的心顿时变得踏实了。

后来的多次飞行试验证明，钱学森的分析和得出的结论是正确的。

1970 年 4 月 18 日，火箭与卫星开始垂直测试。

4 月 23 日，周恩来总理发出预令："如果一切准备工作已经做好，希望能在 4 月 24 日或 25 日发射。"

钱学森接到周总理的预令以后，穿上那件绿色的棉军大衣，迎着刺骨的寒风，来到发射现场。他在发射架下，慢慢地踱着步子，认真地思考着眼前的发射工作。他想到，周总理之所以选择要在这两天内发射，一定是考虑到国际、国内诸多因素以后，才做出决定的。发射是不能再拖了。

霎时间，一阵裹挟着沙石的寒风迎面袭来，他不由得打了一个寒战。他置身于戈壁滩，两眼凝视着东方，不由得想到了故乡杭州。他想到，家乡的春风大概已经吹开了桃李杏梅，已经吹开了杜鹃牡丹。但是，在酒泉基地，依然是春寒料峭。这时，他想到了一句古诗："春风不度玉门关。"

他抬眼望去，那高大的发射塔架巍然挺立，那乳白色的火箭，犹如一把倚天长剑，矗立在戈壁大漠之中。

1970 年 4 月 23 日，发射基地的火箭和卫星通过了最后一次测试检查。指挥部根据气象部门的预报，认为可以实施发射，并将发射时间定为 1970 年 4 月 24 日晚9 时 30 分。

钱学森在发射任务书上签上了自己的名字。同时，上报中央军委和毛泽东主席批准。

"东方红一号"卫星的发射准备，进入最后一天，只待毛主席最后批准，明日即可升空。中国人几百年来飞天的梦想，有可能变为现实。

这最后一夜的等待，对于钱学森来说，显得格外漫长。

时间已近午夜了，钱学森住宿和办公用的车厢里的马灯依然亮着。因为当时的发射基地还没有建起招待所和指挥部，每次发射火箭试验，参试的科技人员和指挥部，都住在从北京开往酒泉发射基地的专列上。按理说，火箭和卫星已经进行了最后一次测试检查，发射任务书上他已正式签了名，中央军委业已同意了这次发射，只待毛主席批准了。近一个时期以来，一直没有得到很好休息的钱学森，今夜正好是一次难得的休息机会，理应抓紧时间安安稳稳地睡个好觉了。可是，他却没有丝毫睡意。

发射卫星是一项庞大的系统工程，任何一个环节，发生任何一点儿故障，都可能导致全局的失败，乃至酿成大祸。钱学森虽说对已经竖立在发射架上的火箭和卫星做过多次测试、检查，心中有了底数。但是，只要没有将卫星送上轨道，这一切都还是"未知数"。他作为现场的技术总指挥，此时怎能放心睡大觉呢？

钱学森将火箭和卫星上的大小技术环节，在脑子里又过了一遍"筛子"，这才站起来伸展了一下腰身。他凭窗探望，只见远处发射场灯火辉煌，耀如白昼。发射场的解放军官兵们正在紧张忙碌着，场地上晃动着他们来回奔走的身影。这是一支常年驻守在戈壁荒滩，多次经受严峻考验的部队，应该说是和平建设时期最可爱的人。他们为了民族的崛起，甘愿奉献、勇于牺牲的精神，给钱学森留下了极其深刻的印象。

当他把视线转向黑洞洞的夜空时，又一桩使他烦恼的事涌向心头。原来，这一带的天气近几天一直很坏。火箭、卫星发射的气象条件很重要。在彻夜不眠的思虑中，钱学森又迎来戈壁滩的黎明。钱学森走出车外，呼吸着这里清晨凛冽的寒气，精神为之一振。他朝着发射场的方向走去，路上看到加注分队的年轻官兵们，乘坐着加注车，从身旁驶过，一路上撒下嘹亮的歌声。

1970 年 4 月 24 日上午，加注队完成了给运载火箭一、二级加注推进剂的任务。

火箭和卫星进入发射前八小时的准备程序。

下午 3 时 50 分，直通中南海的红色保密电话的铃声响了。钱学森急忙抓起电话，听到周总理在电话中说道："毛主席已经批准这次发射。希望大家过细地工作。要一次成功，为祖国争光！"

这振奋人心的号令，迅速传遍发射场地的各个岗位。按照毛主席的指示和周总理的嘱托，人们更加精心地进行着最后几个小时的准备工作。

发射时间，初步定在 24 日晚 9 时到 9 时 30 分之间。

晚 7 时 50 分，周总理再次打来电话询问情况。钱学森就火箭和卫星的情况，回答了总理提出的问题。并表示，这次发射成功是有把握的。

周总理在电话中笑了。因为他听得出来，钱学森对于"东方红一号"卫星的成功发射，怀着充分信心。周总理向基地的人发出了最后一道指示：

"不要慌忙，不要性急，要沉着，要谨慎。关键是要把工作做好。"

这期间，压力最大的莫过于钱学森了。只是，这位才华横溢的大科学家，不仅有渊博的知识，而且也具备良好的心理素质。因此，他始终不急不躁，沉着冷静，脸上总是挂着那种安详的微笑。细心人只有在他踱步的节奏变化中，猜测着他内心不时荡起的微波细澜。为了今天，他已经度过了 2000 个日日夜夜的幽思与焦虑。现在，火箭发射在即，他的心情反而显得平和了。因为，他相信，他率领的这支年轻的航天队伍是靠得住的；他相信，发射基地那些无所畏惧的解放军官兵是靠得住的；他相信，经过反复测试和检验的火箭和卫星是靠得住的。此刻，钱学森充满信心地对发射基地的司令员说道：

"如果没有特殊情况，建议发射时间为 9 时 35 分，不再变动了。"

"同意。"基地司令员做出果断的回答。

1970 年 4 月 24 日晚 9 时 5 分，指挥员下达了"30 分钟准备"的口令。

紧接着高音喇叭里响起了"全体人员立即撤离现场"的命令。

大漠的春天，姗姗来迟。9时许，西部的天空还留有落日的一缕余晖。但是，随着那一缕红色余晖的隐匿，无边的戈壁黑蒙蒙的夜幕在迅速降临。钱学森抬头看了看阴沉沉的苍天，厚厚的乌云笼罩在发射场的上空，丝毫没有裂开缝隙的样子，他的心情不由得又变得沉重了。

就在这个时候，奇迹发生了。发射场上空的云层，突然神话般地裂开了一道"长廊"，并且继续向着火箭即将飞行的东南方向渐渐延伸出去。"长廊"里，星光闪烁，清晰可见，简直是上帝精心设计出来的一条飞向太空的光明通道。

望着这神话般的情景，人们欢呼雀跃。凝结在钱学森心头的一团乌云也随之消散了。

9时34分，天空升起一红一白两颗信号弹。

"1分钟准备！"

高音喇叭声戛然而止，戈壁滩顿时变成了无声世界。

这时的钱学森，心头像一潭秋水，平静得很。他什么也不去想，什么也不用去想了。

1970年4月24日晚9时35分，当倒计时器闪出"0"字时，指挥员下达了"点火"的命令。

只见操作员的手指对准了"点火"电钮，有力地一按，树立在发射台上的"长征一号"火箭的发动机，喷射出橘红色的火焰。只听"轰隆"一声巨响，乳白色的"长征一号"火箭，托举着"东方红一号"卫星，腾空而起，直向那个"发射窗口"飞去。

18 秒以后，火箭开始拐弯，朝着东南方向越飞越快。转瞬间，便在茫茫的夜空中消失了。那火箭，也将钱学森等航天人的心带向了远方。

10 分钟以后，从数千里以外的观测站传来了令人振奋人心的声音：

"星箭分离！"

"卫星入轨！"

中国第一颗人造地球卫星发射成功了！"东方红一号"卫星终于从世界东方升起来了！中国人自己设计制造的第一颗人造卫星终于同苏联、美国的卫星并驾齐驱遨游太空了！

此时的钱学森，眼里噙着泪水，心潮在翻滚。多少年来，他梦寐以求的便是这样的时刻——我们的祖国终于跨入了航天时代啊！

钱学森再也抑制不住激动的心情。两行喜泪从他的面颊上流淌下来，他顾不得去擦，便和卫星小组、火箭小组的成员们紧紧地拥抱在一起。在他的那节办公室兼寝室的列车车厢里，人们喊呀、唱呀，任凭泪水飞溅，任凭激情宣泄。

这是喜悦的泪水，是自豪的泪水，这是多少年来苦辣酸甜凝聚成的泪水啊！

为了中华民族的航天梦，为了共和国的繁荣富强，他们不知付出了多少辛勤的汗水，不知经历了多少艰难曲折，不知度过了多少不眠之夜。今天，终于如愿以偿了！

4 月 28 日晚，当"东方红一号"卫星经过香港、澳门上空时，港澳同胞带着望远镜，成群结队，拥向山头，登上高地，聚集海边，争相观看祖国发射的这颗卫星。他们激动得流出热泪，自豪地称颂祖国的第一颗人造卫星是"从东方升起的一轮华夏小月亮"。

海外报纸纷纷发表评论，他们指出：

中国第一颗人造卫星发射之神速，远远超过了西方专家的预料；

中国第一颗人造卫星的发射成功，表明中国科学技术突飞猛进到新的高度，已当之无愧地加入空间俱乐部；

中国已经拥有了原子弹和氢弹。必须把这次卫星的发射

▷ 钱学森在书房

成功，看成是宣布把洲际导弹可以发射到地球任何地方的公告。

美国华裔专栏作家孙彻先生这样写道：

在美国和西欧各国试制战略飞弹，因为制导系统和发射系统一再出错，事故频繁。但中国大陆的飞弹乃至人造卫星的发展却是异常的迅速，意外事故甚少，这完全是钱学森的功劳。因为当年美国第一代飞弹专家马林纳等人，早已脱离了美国科学界，而马林纳的同伙钱学森却始终在中国大陆负责飞弹的研发。

不错，钱学森从美国回归十五年来，连续取得了仿制苏式导弹、自制程近导弹、中程导弹、中远程导弹、战略导弹和卫星发射等一系列国防高科技的成功。他被誉为中国"导弹之父"、"航天之父"，他理所当然地受到国家和人民的尊重。

创业维艰。钱学森从创建我国的导弹研究院开始，以后又陆续参与创建了火箭地面试验站、酒泉发射基地、太原发射基地、北京战略火箭总厂、西昌卫星发射中心、空间中心……这一系列的工程，为我国的国防尖端科学技术试验，打下了稳固基础。

以钱学森为先导的中国第一代航天人，走过了一段艰苦历程。如今，国内外都无人怀疑中国的运载火箭已经达到了世界先进水平。西方人心目中的"自行车王国"如今已成为令世人刮目相看的航天大国。

我国向太平洋成功发射洲际导弹以后，美国合众社记者罗伯特以"中国导弹之父——钱学森"为题，撰写了一篇专稿。文中称："中国由钱学森负责研究的火箭，正在使中国成为同苏联、美国一样，能把核弹头发射到世界上任何一个地方的国家。

打倒"四人帮"，科学之春重回祖国大地，科学事业充满勃勃生机。对于将要步入古稀之年的钱学森来说，在他面前又出现了人生的另一个里程碑。

孔子说："七十而从心所欲，不逾矩。"这话很有哲理。一个人经历了几十年的风风雨雨之后，有了丰富的阅历，做起事来，可以获得更大自由，不会违反客观规律了。

1977年9月中旬，中央决定：集中力量抓洲际导弹、潜地导弹以及通信卫星的研制和试验。这是中央为争取国际尖端技术的新突破而作出的重大决策。钱学森积极响应，在近古稀之年重新"挂帅"出征了。

研制洲际导弹，是周总理生前的遗愿。由于"四人帮"的干扰，研制工作被搁浅。如今，"四人帮"被粉碎了，干扰被排除了，钱学森决心抓住这有利时机，全面推进各项工程的开展。

1980年1月，洲际导弹的研制和试验的准备工作取得了良好进展。导弹经过测试，质量合格。陆上发射区已经具备进行发射试验的条件；从陆地到海上的控制、通信准备工作基本完成，通讯指挥系统联络通畅；太平洋海上落区已经选定，航区安全确有保障。并向有关国家做了通告。

1980年5月5日，张爱萍、郑天翔、钱学森等人一同奔向大西北的酒泉发射基地。在这里，召开了洲际导弹发射动员大会。钱学森在这次会议上发表了如下的谈话：

"20年以前，我们着手试验第一枚近程导弹时，陈毅副总理曾对我说过这样一句话：'你们的导弹上去了，为国争了气，我这个外交官出去，腰杆子也就硬了。'60年代之初，我们的近程导弹上去了，为祖国争了气；今天，我们的远程导弹也要上去，为祖国再一次争光。洲际导弹掌握在超级大国手里，成为了他们称霸的资本；掌握在中国人民手中，便会成为世界和平与安全的保障。"

"从这个意义上讲，我们每一位参加研制、生产、试验的科学工作者、工程技术人员以及解放军指战员，都是世界和平的保护神。"

钱学森的讲话，赢得了台下一阵热烈的掌声。这位先导，从台下千百张充满青春活力的面孔上，看到了祖国航天事业兴旺发达的希望和未来。

洲际导弹发射前，钱学森再一次来到他所熟悉的火箭发射架下，他独自站了许久许久。他从1956年4月起，开始担任中国火箭、导弹和航天中心的技术领导职务，尽职尽责地工作在导弹研究院长、七机部副部长、国防科委副主任的岗位上，转瞬间，自己已近古稀之年。在古人眼里，70岁是人生的一个大限。所以有"人生七十古来稀"之说。可是，在钱学森看来，"人生七十"应是一个新的更加成熟的开端。他不能停下来，他要竭尽全力抒写新的人生，努力创造生命中一个新的春天。

1980年5月18日。

钱学森早早地来到发射基地的指挥中心，静静地坐在指挥台的座位上。指挥厅的调度话筒里，不断传出呼号：

"发射准备完毕！"

"控制系统良好！"

"海上测量船进入预定位置！"

指挥大厅弥漫着决战前夕特有的紧张气氛。

钱学森熟悉这里的一切，适应这里的一切。我国每一次飞行试验，几乎都留下了他的足迹。这种节奏明快、程序严谨、忙而不乱的工作方式，正是钱学森工作作风的体现。

钱学森目不转睛地凝视着电视屏幕。他永远忠于职守，忠于事业。

当运载火箭在祖国大西北腾空而起的一瞬间，远在太平洋的"望远号"测量船，立即收到了火箭起飞的信息。在中心电子计算机的控制下，各种测试仪器和设备都朝着火箭飞去的方向搜索着。

"火箭飞向了太平洋！"

"弹头准确命中目标！"

指挥大厅里爆发出热烈的欢呼声。

"我们成功了！"

"我们胜利了！"

人们情不自禁地流下了欢乐的泪水。

只见钱老依旧凝视着电视屏幕。他目不转睛地看着那枚远渡万里重洋的火箭在南太平洋上空飞速下落，在洋面上激起高大水柱。恰似一只巨大的蛟龙出海，腾空而起，十分壮观。啊，这是中华儿女扬眉吐气的奇观！

我国向南太平洋发射洲际导弹的消息，在太平洋彼岸的美国，产生了轰动效应。1980 年 5 月 20 日，美国合众社向世界播发了记者罗伯特撰写的一篇专稿，标题非常醒目：中国导弹之父——钱学森。

文中写道：

主持研制中国洲际导弹的智囊人物，是这样一个人：在许多年以前，他曾经是美国的陆军上校，美国政府由于害怕他回归中国，把他扣留了五年之久。

他的名字叫钱学森，今年 69 岁。在这个名字的背后，有一段任何科学幻想小说或侦探小说的作者都无法想象出来的不寻常经历。

20 世纪 50 年代，美国海军次长金波尔对钱学森博士的才能的高度评价，已经被 1955 年钱学森获准离开美国回中国大陆以来的事实所证明。

正是因为有了钱学森，中国才在 1960 年成功地发射了第一颗导弹；正是因为有了钱学森，中国才在 1970 年成功地发射了第一颗人造地球卫星。现在，由他负责

◁ 1982 年，国际技术与技术交流大会授予钱学森"小罗克韦尔奖章"和"世界级科学与工程名人"、"国际理工研究所名誉成员"称号。这是钱学森在国内接受奖章和荣誉证书时的留影

研究的火箭，正在使中国成为同苏联、美国一样能把核弹头发射到任何一个地方的国家。

本周星期四，是钱学森事业中的一个里程碑。在这一天，中国宣布，它成功地向澳大利亚和新西兰周围海域，发射了一枚洲际导弹火箭……

 # 最高的奖赏

★★★★★

国务院、中央军委授予钱学森"国家杰出贡献科学家"荣誉称号，并授予"两弹一星功勋科学家"奖章。称钱学森是我国"爱国知识分子的典范"。

共和国最后一位逝去的元帅聂荣臻，在生命的最后岁月，抱病为钱学森写下了这样一段文字：

学森同志的确给我们科学工作者树立了良好的榜样。作为世界知名的科学家，学森同志更注重谦虚谨慎，严于律己。总是艰苦奋斗地工作，艰苦朴素地生活，从不计较个人得失。我很欣赏他的座右铭："我作为一名中国的科学工作者，活着的目的就是为人民服务。如果人民最后对我的一生所做的工作表示满意的话，那才是最高的奖赏。"

聂帅所引用钱学森这段简洁的座右铭，生动地反映了钱学森一生的追求——那就是为人民鞠躬尽瘁，死而后已。钱学森用自己的行动，在我国现代科技史上，树起了一座高高的丰碑。共和国不会忘记他，人民不会忘记他，人民把最高的奖赏给予了他。

时间：1991 年 10 月 16 日。

地点：庄严肃穆的人民大会堂。

党和国家代表人民的意愿，将要在这里举行一个特殊的授奖仪式。当时在京的党和国家以及军队的领导人，都出席了这次不同寻常的授奖仪式。钱学森穿了一套七八成新的深蓝色毛料中山装，与妻子一起来到会场。中央军委副主席刘华清代表国务院、中央军委宣读授予钱学森"国家杰出贡献科学家"荣誉称号和"一级英雄模范"奖章的命令。

当刘华清宣读完这一庄严的命令之后，会场上响起了经久不息的掌声。在热烈的掌声中，国家主席杨尚昆把"国家杰出贡献科学家"荣誉证书和"一级英雄模范"奖章授予了钱学森。钱学森深情地接过证书和奖章。杨尚昆微笑着同钱学森握手，并亲自将金光闪闪的奖章，端端正正地别在钱学森的胸前。满面春风的钱学森，同身旁的党和国家领导人一一握手。这时会场上再一次响起热烈的掌声。人们注意到，钱学森正在将慈祥的目光指向后排座位上的妻子。于是会场上又引发了一阵会意的笑声。一位领导同志亲切地把蒋英引到前排就座。

在热烈的气氛中，钱学森母校北京师范大学附属中学的两位少先队员走向主席台，向钱学森和他的夫人蒋英献了鲜花。

这时，杨尚昆提议，给钱学森一家照一张合影，留下珍贵的纪念。

1999 年 9 月 18 日，这是我们中华人民共和国即将迎来 50 周年的喜庆时刻。

下午 3 时整，中共中央、国务院、中央军委在首都人民大会堂举行大会，隆重表彰研制"两弹一星"的功臣。总共有23位科学家获得"两弹一星功勋奖章"。

熟悉这些功勋科学家经历的人，会不约而同地想起缺席此次表彰会议的一位科技伟人。因为在这些功勋科学家中，有些人是这位科技伟人的学生，或者说有些人的事业和成就与这位科技伟人有着密切联系。这位科技伟人就是钱学森。人们尊称钱学森为"导弹之父"、"航天之父"。总之，他不愧为打造中国导弹的第一人，他不愧为打造中国战略武器第一人，不愧为打造运载火箭第一人，不愧为搭造"中国天梯"的第一人。

9月18日下午，人民大会堂的表彰大会刚刚结束，全国政协副主席朱光亚、中国人民解放军总装备部长曹刚川、政委李继耐，受中央的委托，驱车来到科学家钱学森的住所，将中央授予的"两弹一星功勋奖章"送到钱老手中，并向钱老表示祝贺。同时向钱老转达了中央的表彰决定。中央指出：

"两弹一星"的伟业，是新中国建设成就的重要象征，是中华民族的荣耀与骄傲，也是人类文明史上的一个勇攀科技高峰的空前壮举。

钱学森手捧功勋奖章，心情激动地说："两弹一星"的成功，是中央正确领导的结果，是全国人民协作的结晶，是在广大科技人员和人民解放军官兵艰苦努力下取得的。

钱学森感谢党和人民给予他的关怀，表示要珍惜荣誉，在有生之年继续为祖国的现代化作出贡献。无疑，那金光闪闪的"功勋奖章"是国家和人民给予钱学森的

崇高奖赏。钱学森无愧于这一奖赏。他为我国的"两弹
一星"事业所做出的杰出贡献，举世瞩目。新华社一位
记者曾经为钱学森写下了这样一段文字：

20世纪50年代美国海军次长金波尔曾这样说过，
钱学森无论走在那里，他都值五个师的兵力。如果这位
次长还活着，那么，钱学森的昨天、今天和明天的业绩，
当使他为对钱学森的评价不足而感到后悔。我们说，无
论在哪里，钱学森的卓越贡献，何止与五个师的兵力等

△ 钱学森与夫人蒋英在授予"国家杰出贡献科学家"荣誉称号的仪式上

值!

　　送别朱光亚等以后，钱学森回转身来，闻到了床头鲜花散发出的馨香，心情更加愉悦。他打开立体声音响的开关，随着播放的乐曲，轻声哼唱着勃拉姆斯那个有着四个严肃主题的套曲。蒋英会意地随声附和着……

　　此刻，这对老年夫妇，心头淌着幸福的暖流。他们依偎着，凝视着墙上挂着的巨幅"蘑菇云"照片——那是我国第一颗战略导弹在罗布泊精确命中靶心的激动人心的时刻。事情虽然过去 35 个年头了，但是每当看到这幅照片，总有一股自豪感油然而生——因为，那是钱老用心血研制的运载工具将这朵"蘑菇云"开放在预定的目标。这样的"蘑菇云"掌握在自己民族的手里，是和平的象征，是国防威力的象征。这朵染上一抹晚霞的"蘑菇云"，在这对老夫妇的心目中，那是世界上最美丽的和平之花。

　　此刻，他们临窗眺望，夕阳洒向了西方天宇，那红彤彤的夕阳，放射出了耀眼的光芒。床头的鲜花，也被照射得红艳艳鲜亮亮的，洋溢着勃勃生机。

　　《人民日报》一位女记者曾写下了下面这段优美的文字，就作为这部传记文学的结束语吧。她写道：

　　如果我为钱老写传记的话，我宁愿把钱老看作一棵参天大树。

　　——纪伯伦有言：如果给一棵树立传的话，那么它的历史犹如一个民族的历史。

　　——一世情缘，根深叶茂，它的名字便意味着一连串阳光灿烂的日子。

后　记

弘扬钱学森爱祖国、爱人民的良好美德

　　我所以撰写这本传记文学是想通过这部作品，弘扬钱学森院士胸怀祖国、胸怀人民的伟大精神，传递给青年读者一份美好的理想。因为钱学森是中国的科技伟人，他受到中国人民的普遍尊敬和爱戴，我一直希望能为科学家做点事情，为我所崇尚的科技伟人作传，我引以为荣，并希望与青年朋友们共勉。

　　我在采访过程中，也深深地体会到，钱学森院士既是科技伟人，也是非常单纯的人。我以为他的单纯代表了一种正直无私的品格。他为了实现富国强民的美好理想，单纯得很真挚，很纯洁，很高尚，很忘我，很无私。钱学森院士的美好理想，他强烈的社会责任感和高尚的爱国主义情操，堪称革命理想主义和革命英雄主义的绝响！

　　温家宝总理探望钱学森院士时，说过这样一句话："钱老作为老一辈科学家，为国家、为人民作出了卓越贡献，共和国不会忘记你，人民不会忘记你！"

　　是的，钱学森院士作为功勋卓著的老一辈科学家，共和国不会忘记他，人民不会忘记他！我相信，我们的青年读者也不会忘记他！

100位

新中国成立以来感动中国人物

丁晓兵　马万水　马永顺　马恒昌　马海德　中国女排五连冠群体

孔祥瑞　孔繁森　文花枝　方永刚　方红霄　毛岸英

王　杰　王　选　王　瑛　王乐义　王有德　王启民

王进喜　王顺友　邓平寿　邓建军　邓稼先　丛　飞

包起帆　史光柱　史来贺　叶　欣　甘远志　申纪兰

白芳礼　任长霞　刘文学　刘英俊　华罗庚　向秀丽

廷·巴特尔　许振超　达吾提·阿西木　邢燕子　吴大观

吴仁宝　吴天祥　吴金印　吴登云　宋鱼水　张　华

张云泉　张秉贵　张海迪　时传祥　李四光　李春燕

李桂林和陆建芬夫妇　李素芝　李梦桃　李登海　杨利伟

杨怀远　杨根思　苏　宁　谷文昌　邰丽华　邱少云

邱光华　邱娥国　陈景润　麦贤得　孟　泰　孟二冬

林　浩　林巧稚　林秀贞　欧阳海　罗映珍　罗健夫

罗盛教　草原英雄小姐妹　赵梦桃　钟南山　唐山十三农民

容国团　徐　虎　秦文贵　袁隆平　钱学森　常香玉

黄继光　彭加木　焦裕禄　蒋筑英　谢延信　韩素云

窦铁成　赖　宁　雷　锋　谭　彦　谭千秋　谭竹青

樊锦诗

图书在版编目（CIP）数据

钱学森 / 周知南编著. -- 长春 : 吉林文史出版社,
2012.6（2024.5重印）
（100位新中国成立以来感动中国人物）
ISBN 978-7-5472-1090-1

Ⅰ. ①钱… Ⅱ. ①周… Ⅲ. ①钱学森（1911～2009）
－生平事迹－青年读物②钱学森（1911～2009）－生
平事迹－少年读物 Ⅳ. ①K826.16-49

中国版本图书馆CIP数据核字（2012）第136134号

钱学森

QIANXUESEN

编著/ 周知南

选题策划/ 王尔立　　责任编辑/ 王尔立 李洁华 马华 任玉茗

装帧设计/ 韩璘

出版发行/ 吉林文史出版社

地址/ 长春市福祉大路5788号　　邮编/ 130118

电话/ 0431-81629363　　传真/ 0431-86037589

印刷/ 天津海德伟业印务有限公司

版次/ 2012年8月第1版 2024年5月第5次印刷

开本/ 640mm×920mm　1/16

印张/ 9　字数/ 100千

书号/ ISBN 978-7-5472-1090-1

定价/ 29.80元